Für Ineo:

Alles Gute nochmal nachträglich!

Marlis und Jochen

Mai 2016

Jürgen Nolte

WIR
vom Jahrgang
1936

Kindheit und Jugend

Wartberg Verlag

Impressum

Bildnachweis:
Archiv Jürgen Nolte: S. 5, 7, 8, 13, 16 l./r., 18, 19 u., 42, 61, 63; Hagen Kraak, Gütersloh: S. 14, 19 o.; Franz Kopp, Merzhausen: S. 22; Institut für Stadtgeschichte, Frankfurt M., S3/Q 2.457: S. 23; Institut für Stadtgeschichte, Frankfurt M., S7Ko/268, Fred Kochmann: S. 34 o.; Institut für Stadtgeschichte, Frankfurt M., S7Ko/951, Fred Kochmann: S. 43; Institut für Stadtgeschichte, Frankfurt M., S7Ko/1.377, Fred Kochmann: S. 54 o.; Staatsarchiv Hamburg: S. 32; Helma Langhans, Dietzhölztal: S. 35; Stadtarchiv Düsseldorf: S. 36; Siegfried Holler, Dillenburg: S. 39; Jürgen Thomas, Bienenbüttel: S. 40; Archiv Gustav Hildebrand: S. 44, 57 o./u.; Presse-Bild Poss, Siegsdorf: S. 49; Georg Eurich, Lauterbach: S. 50; Stadtarchiv Heidelberg: S. 54 u.; HNA-Archiv: S. 55; Karl Stehle, München: S. 56; Heinrich Fischer, Ober-Rammstatt: S. 59; Winfried Bieber, Melbeck: S. 62; picture-alliance/akg-images: S. 6, 10, 21, 25, 27, 51 u.; picture-alliance/picture-alliance: S. 15, 52; picture-alliance/Mary Evans Picture Library: S. 29; picture-alliance/dpa/dena: S. 31; picture-alliance/dpa: S. 34 u., 45; ullstein bild – TopFoto: S. 11 l.; ullstein bild – ullstein bild: S. 11 r., 28 u., 46, 51 o., 53, 60; ; ullstein bild – Keystone: S. 26; ullstein bild – Süddeutsche Zeitung Photo/Scherl: S. 28 o.; ullstein bild – CARE Deutschland e.V.: S. 33; ullstein bild – AKG: S. 38 o.; ullstein bild – Archiv Hahn/Weissberg: S. 38 u.; ullstein bild – Stary: S. 47 u.

Wir danken allen Lizenzträgern für die freundliche Abdruckgenehmigung.
In Fällen, in denen es nicht gelang, Rechtsinhaber an Abbildungen zu ermitteln, bleiben Honoraransprüche gewahrt.

17. Auflage 2016
Alle Rechte vorbehalten, auch die des auszugsweisen
Nachdrucks und der fotomechanischen Wiedergabe.
Gestaltung und Satz: r2 I Ravenstein, Verden
Druck: Druck- und Verlagshaus Thiele & Schwarz GmbH, Kassel
Buchbinderische Verarbeitung: Buchbinderei S. R. Büge, Celle
© Wartberg Verlag GmbH & Co. KG
34281 Gudensberg-Gleichen • Im Wiesental 1
Telefon: 056 03/9 30 50 • www.wartberg-verlag.de
ISBN: 978-3-8313-3036-2

Vorwort

Liebe 36er!

Was haben wir alles erlebt – und überlebt! Als Babys schlummerten wir in tiefwandigen Kinderwagen oder gut gepolsterten Waschkörben, planschten als Kleinkinder in transportablen Zinkwannen und hatten ein überschaubares Angebot an Spielsachen, das unsere Fantasie anregte. Doch dann kam der Zweite Weltkrieg. Wir saßen viele Nächte in den Kellern, wenn es vom Himmel Bomben regnete, und zogen in langen Trecks über vereiste Straßen auf der Flucht vor feindlichen Panzerrudeln.

Wir haben es überstanden, auch die schwere Nachkriegszeit, in der die Menschen hungerten und froren, Kohlen klauten und sich mit einem einzigen Paar Schuhe begnügten. Wir zogen zum Bucheckernsammeln in die Wälder und halfen auf dem Lande bei der Erntearbeit. Später, als der wirtschaftliche Aufschwung zu greifen begann, bestaunten wir die neuen Erzeugnisse der Autoindustrie wie den „Borgward Hansa 1500", verfolgten die Erfolgsgeschichte des VW Käfers und gaben unser Taschengeld für Eishörnchen und Kinobesuche aus. Zu Rendezvous und Tanzparty erschien man in weißem Hemd mit Schlips, während die jungen Damen uns mit wippenden weiten Kleidern oder Röcken entzückten.

Jahrzehnte sind seitdem vergangen, Jahrzehnte, in denen sich die Welt um uns herum grundlegend verändert hat. Ihre Spaltung in zwei feindliche Machtblöcke mit der permanenten Gefahr eines globalen Atomkrieges wurde überwunden, der europäische Einigungsprozess ist in Gang gekommen, Computer, Gentechnik und Raumfahrt sind zu geläufigen Begriffen geworden.

Die Wurzeln all dieser bedeutsamen Entwicklungen reichen bis in unsere Kinder- und Jugendzeit zurück. Wie war die denn eigentlich damals? Wie hat sich unser Jahrgang in diesen von Krieg und Nachkriegszeit, von wirtschaftlicher Not und Wirtschaftswunder geprägten Jahren zurechtgefunden? Eine Antwort darauf soll mit dem Band „Wir vom Jahrgang 1936" versucht werden.

Jürgen Nolte
Jürgen Nolte

Eintritt in eine Welt voller Hoffnungen

Die Deutschen mit rosaroter Brille

So wie es die Sonne in manchen Jahren besonders gut mit den Weintrauben meint, so schienen auch die äußeren Lebensbedingungen optimal zu sein, als wir, vom Jahrgang 1936, mit dem ersten Schrei die Welt begrüßten. Dieses Jahr würde eines der besten werden, glaubten unsere Eltern, vielversprechend, zukunftsweisend. Triumph Deutschlands bei den Olympischen Sommerspielen in Berlin, eine boomende Wirtschaft, technische Glanzleistungen im Flugzeug- und Automobilbau – die Nation war vor lauter Stolz berauscht und bekam in der Masse gar nicht mit, was die braunen Machthaber an Scheußlichkeiten ausbrüteten oder schon in Gang setzten. Dass drei Jahre später der schrecklichste aller Kriege ausbrechen würde, ahnten nur wenige.

Chronik

24. März 1936
Bei Testfahrten auf dem Autobahnteilstück Frankfurt – Heidelberg stellt der Rennfahrer Hans Stuck fünf Geschwindigkeitsweltrekorde auf, wobei er auf der 100-Kilometer-Distanz 262,4 km/h erreicht. Neben ihm zählen Rudolf Caracciola und Bernd Rosemeyer zu den bekanntesten Rennfahrern. Rosemeyer kommt am 28. Januar 1938 bei einem Rekordversuch ums Leben.

19. Juni 1936
Sensationell schlägt Schwergewichtsboxer Max Schmeling den bis dahin unbesiegten Amerikaner Joe Louis. Der Kampf geht in die Sportgeschichte ein.

25. Oktober 1936
Deutschland und Italien schließen einen geheimen Kooperationsvertrag. Der italienische Diktator Mussolini spricht von der „Achse Berlin – Rom". Einen Monat später folgt ein Pakt Deutschlands mit Japan.

26. April 1937
Deutsche Kampfflugzeuge bombardieren die baskische Stadt Guernica. 1645 Menschen kommen ums Leben. Hitlers „Legion Condor" unterstützt im spanischen Bürgerkrieg die am Ende siegreichen Truppen General Francos gegen Republikaner und internationale Brigaden.

6. Mai 1937
Beim Landemanöver in Lakehurst bei New York stürzt der deutsche Zeppelin LZ 129 „Hindenburg" ab, 36 Menschen sterben. Die Unglücksursache bleibt im Dunkeln. Die glanzvolle Zeit der Zeppeline ist mit der Katastrophe von Lakehurst beendet.

30. Oktober 1938
Eine Radiomeldung über die Landung einer Invasionsarmee vom Mars führt im Osten der USA zu panikartigen Reaktionen, weil nur wenige mitbekommen, dass es sich um ein Hörspiel von Orson Welles handelt.

9. November 1938
Nazis zerstören Synagogen, Wohnungen und Geschäfte von Juden.

22. Dezember 1938
Dem Chemiker Otto Hahn gelingt es in Berlin, erstmals Urankerne zu spalten. Damit sind die Grundlagen für die Nutzung der Kernenergie entdeckt.

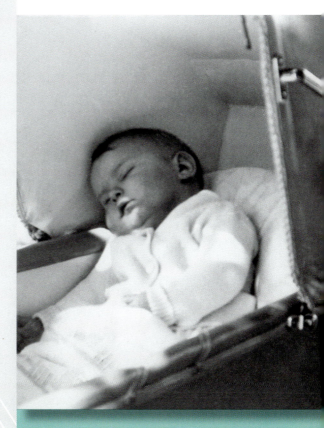

Das war ein bisschen viel heute

Die Fähigkeit zu kritischem Hinterfragen war damals nicht gerade eine hervorstechende Eigenschaft der Deutschen. Gläubig vertrauten sie ihrem „Führer" Adolf Hitler und wurden in Wahrheit zum Opfer einer menschenverachtenden und zynischen Lügenpropaganda. Von ihm selbst stammt der Satz: „Der Deutsche hat keine blasse Ahnung, wie man das Volk beschwindeln muss, wenn man Massenanhänger haben will." Sein Propagandist Joseph Goebbels formulierte es so: „Propaganda hat mit Wahrheit gar nichts zu tun."

1. bis 3. Lebensjahr

Solide Kost aus Mutters Küche

Wir 36er waren natürlich erst recht bar jeder Ahnung. Wir waren allesamt kleine Würmer, die unschuldig in die Welt blinzelten, unseren Hang zur Flasche entdeckten und den reichlich dargebotenen Spinat meist nur widerwillig konsumierten. Trotzdem waren wir besser dran als die Winzlinge von heute, denn statt industriell hergestellter Baby-Fertignahrung gab's solide Kost aus Mutters Küche wie Grieß- und Gemüsebreichen, Apfelmus und Möhrensaft. Und zur besseren Knochenbildung wurden Tropfen dazugegeben, eine Art Lebertran.

Überhaupt ließ sich der Staat das Wohl der Familien einiges kosten. Jedes junge Paar hatte Anspruch auf ein Ehestandsdarlehen von 1000 Reichsmark. Mit jedem geborenen Kind verringerte sich die Rückzahlungssumme um ein Viertel, so dass bei vier Kindern die Darlehensschuld als getilgt galt.

Mit diesem Plakat wurde der Volksempfänger propagiert

Propaganda aus dem Volksempfänger

Doch zurück zu uns. Sannen wir tagsüber in den Gitterställchen über unser Dasein nach, erfolgte keine Störung durch fremdsprachiges Schlager-Gedudel aus voluminösen Stereo-Anlagen oder durch visuelle Dauerberieselung aus dem Fernseher. Den kannte man nämlich noch nicht, und das Radio war ein Luxusartikel. Dennoch besaß so gut wie jeder Haushalt wenigstens einen so genannten Volksempfänger, ein technisch anspruchsloses Gerät, dessen Anschaffungspreis bewusst niedrig gehalten war. Das Radio war das wichtigste und wirksamste Medium der NS-Propaganda. Wandten sich Hitler oder Goebbels über den Rundfunk an die „Volksgenossen", war es sozusagen nationale Pflicht, den Apparat einzuschalten.

Uns germanische Neubürger ließ das freilich ziemlich kalt. Sehr viel später sollte einmal ein gewichtiger Politiker im Hinblick auf die Mitverantwortung für die NS-Untaten von der „Gnade der späten Geburt" reden. Wir haben eben Schwein gehabt, prosaisch ausgedrückt.

Die Synagogen brennen

Die von den Nationalsozialisten seit ihrer Machtübernahme begonnene Judenverfolgung erreicht am 9. November 1938 mit der Reichspogromnacht einen ersten dramatischen Höhepunkt. In ganz Deutschland werden Synagogen angezündet, jüdische Geschäfte zerstört, Juden misshandelt, in Konzentrationslager gebracht oder umgebracht. Bereits 1935 waren mit der Verkündung der Nürnberger „Rassegesetze" (Schutz des deutschen Blutes) den Juden die bürgerlichen Rechte entzogen worden.

Den Vorwand für die Ausschreitungen bietet der Mordanschlag des 17-jährigen Herschel auf den deutschen Diplomaten Ernst von Rath am 7. November in Paris. Die „Reichskristallnacht" – von den Nazis verharmlosend so genannt wegen der zersplitterten Fensterscheiben – ist das Vorspiel für den Massenmord an den Juden in Europa.

Mobiles Bett: der Waschkorb

Neben dem Essen Windeln auf dem Herd

Genächtigt wurde in Wiegen und Himmelbettchen oder ganz einfach in umgerüsteten Waschkörben. Versuche, in Wachphasen durch kräftiges Gebrüll Hunger- und Durstgefühle oder Sehnsucht nach Kuscheleinheiten zu signalisieren, verfingen meist nicht. Die damalige Mütter-Generation machte, wiewohl sie für die Betreuung der Kinder genügend Zeit zur Verfügung hatte, viel weniger Aufhebens um die Schreihälse, als man es heute tut. Das bekamen wir schnell mit und richteten uns danach.

1. bis 3. Lebensjahr

Aber wie herrlich und befreiend das Glücksgefühl am Morgen, vor allem dann, wenn der klebrige und nasse Inhalt der kunstvoll gefalteten Windeln entfernt wurde! Und sobald die kühlende Nachbehandlung mit Waschlappen, Öl und Puder erfolgt war, fühlte man sich wie neu geboren, bis, ja bis zum nächsten unvermeidlichen Malheur. Für unsere Mütter waren diese intimen Vorgänge doppelt anrüchig, mussten sie doch permanent die Mulltücher in großen Töpfen auf dem Herd auskochen, und das in Duftkonkurrenz zum Inhalt der Kochtöpfe.

Mit der Fähigkeit, aufrecht stehen und gehen zu können, war der Status des Homo sapiens auch optisch erreicht. Begeisternd der erste selbstständige, wenn auch taumelnde Lauf über mehrere Meter in die weit ausgebreiteten Arme des Vaters.

Noch etwas wackelig auf den Beinen

Kein modischer Schnickschnack für die Kleinsten

Jetzt nahm auch der Drang zu, die Außenwelt zu erforschen, zu sehen und gesehen zu werden, und das zu Fuß oder im modernen Kinderwagen mit tiefem Schlafgehäuse und aufklappbarem Faltdach. War man nämlich von Mutti – sie selbst ging, wie allgemein üblich, niemals ohne Hut aus dem Haus – liebevoll herausgeputzt, gab es bei nachbarlichen Begegnungen auf der Straße viele Entzückensrufe, die vor allem kleinen Mädchenseelen wohl taten.

Gleichwohl muss betont werden, dass modischer Schnickschnack keine Gewalt über uns hatte. Die Garderobe der 36er bestand aus einer bescheidenen Grundausstattung mit Strampel- und Pluderhöschen, Röckchen und Jäckchen aus Wolle, die in normalen Wäschegeschäften zu haben waren. Und meist griffen die Mütter selbst noch zu Nadel, Zwirn und preiswertem Nesselstoff, um die Einkleidung der Kleinen zu vervollständigen.

„Guten Abend, gute Nacht, mit Rosen bedacht, mit Näglein besteckt, schlupf unter die Deck'. Morgen früh, wenn Gott will, wirst Du wieder geweckt, morgen früh ..." Dieses Lied von Johannes Brahms ist der Inbegriff von Geborgenheit, Trost und Frieden. Es wurde früher an vielen Kinderbetten gesungen und hob uns ganz sanft in die Traumwelt hinüber. Melodie und Text sind bis heute präsent, und sie erfüllen uns mit leichter Wehmut beim dankbaren Rückblick auf die ersten Lebensjahre.

Medaillenregen für deutsche Olympioniken

Die ersten Olympischen Sommerspiele in Deutschland nutzt das nationalsozialistische Deutschland zu einer gewaltigen Propagandaschau. Sie werden am 1. August 1936 von Reichskanzler Hitler im Berliner Olympiastadion eröffnet. Den rund 150 000 ausländischen Gästen wird das Bild eines politisch und wirtschaftlich starken Landes präsentiert, das Sicherheit und Ordnung garantiert. Die optimal trainierten deutschen Sportler gewinnen die meisten Medaillen (33-mal Gold) vor den USA (24) als zweitstärkster Teilnehmernation. Bei den vorausgegangenen Olympischen Winterspielen im Februar in Garmisch-Partenkirchen erringt Deutschland hinter Norwegen den zweiten Medaillenrang.

Geburtsstunde des VW Käfers

Dank Kinderwagen besaßen wir Winzlinge eine für unsere Altersklasse ausreichende Mobilität. Schlechter gestellt war die große Mehrheit der Erwachsenen, denn das individuelle Fortbewegungsmittel Auto konnten sich nur die Besserverdienenden leisten. Das sollte sich jedoch nach dem Willen des „Führers" mit der Produktion eines auch für Kleinverdiener erschwinglichen Fahrzeugs ändern.

Am 26. Mai 1938 gelang ihm mit der Grundsteinlegung für das Volkswagenwerk ein großer Propagandaerfolg. Gleichzeitig wurde einer staunenden Öffentlichkeit der erste, von Ferdinand Porsche konstruierte Volkswagen vorgestellt. Sein luftgekühlter Heckmotor leistete 23,5 PS und ermöglichte eine Spitzengeschwindigkeit von 100 km/h. Von Hitler auf den Namen „KdF- Wagen" (Kraft

1. bis 3. Lebensjahr

Der VW Kübelwagen (hier im Sand der afrikanischen Wüste) wurde an allen Fronten eingesetzt

durch Freude) getauft, sollte das einem Käfer ähnelnde Gefährt nicht mehr als 1000 Mark kosten. Zur Finanzierung wurde die KdF-Sparkarte eingeführt. Doch zu einer Auslieferung des VW Käfers an Otto Normalverbraucher kam es nicht mehr, weil gut ein Jahr später der Krieg ausbrach. Stattdessen wurden für die Wehrmacht 55 000 Kübelwagen gebaut, eine Variante des Volkswagens. Die zivilen Kaufinteressenten, die bis Ende des Krieges 286 Millionen Reichsmark angespart hatten, verloren ihr Geld.

Adolf Hitler – „Führer" und Verführer

In Deutschland regieren seit dem 30. Januar 1933 die Nationalsozialisten, dem Tag, an dem ihr Führer Adolf Hitler von Reichspräsident Hindenburg zum Reichskanzler ernannt wurde. Das NS-Regime entmachtet das Parlament, löst Parteien und Gewerkschaften auf, verfolgt politisch Andersdenkende und vor allem die Juden.

Die große Mehrheit der Deutschen sieht in Adolf Hitler gleichwohl einen Heilsbringer: Überall scheint es jetzt bergauf zu gehen, die Arbeitslosenzahlen sinken rapide, der Bau der Autobahnen beginnt, das nationale Selbstbewusstsein wächst. Die Wiedereinführung der Wehrpflicht und den Aufbau der Wehrmacht akzeptiert man als legitime Angleichung an den Rüstungsstand der Nachbarländer. Doch in Wahrheit handelt es sich um die Menetekel der heraufziehenden Eroberungskriege Hitlers.

Mehrere außenpolitische Erfolge erhöhen noch die Popularität des „Führers".

Am 7. März 1936 besetzen deutsche Truppen unter Verletzung des Vertrages von Locarno (1925) das entmilitarisierte Rheinland, Gegenmaßnahmen Frankreichs und Großbritanniens bleiben aus. Prompt entfallen bei der Reichstagswahl vom 29. März rund 99 Prozent der Stimmen auf Hitler.

Zwei Jahre später erfolgt der „Anschluss" Österreichs an das Deutsche Reich.

Kriegsangst in ganz Europa kommt auf, als Hitler in aggressiver Form von der Tschechoslowakei die Abtretung des Sudetenlandes verlangt. Auf der Münchner Konferenz Ende September 1938 kann er sich durchsetzen, Frankreich und Großbritannien knicken vor ihm ein. In London verkündet Premierminister Chamberlain nach seiner Rückkehr: „Der Friede in unserer Zeit ist gerettet." Es war ein grausamer Irrtum.

Entwaffnend: Ursula Andress im James-Bond-Streifen „Dr. No"

Unverkennbar: Uwe Seeler als junges Fußballtalent 1954

Prominente Sechsunddreißiger

23. Jan.	**Horst Mahler** Rechtsanwalt und RAF-Gründungsmitglied	20. Aug.	**Kessler-Zwillinge** berühmtes Paar des Showgeschäfts
22. Feb.	**Karin Dor** Schauspielerin	21. Sep.	**Jean Pütz** Wissenschaftsjournalist und TV-Moderator
19. März	**Ursula Andress** Schauspielerin	5. Okt.	**Vaclav Havel** tschechischer Politiker und Schriftsteller
8. April	**Klaus Löwitsch** Schauspieler		
16. Mai	**Karl Lehmann** Vorsitzender der Deutschen Bischofskonferenz (1987 – 2008)	5. Nov.	**Uwe Seeler** Alt-Star des deutschen Fußballs
23. Juni	**Jan Hoet** belgischer Kunsthistoriker	17. Dez.	**Klaus Kinkel** FDP-Politiker und Ex-Außenminister
2. Juli	**Rex Gildo** Sänger und Schauspieler		

1. bis 3. Lebensjahr

Behütete Kinderjahre ohne **Rummel, Lärm und Hetze**

Jetzt ging es auf Entdeckungsreise

Hurra, schöne Welt, wir kommen! Den Kinderwiegen und Gitterställchen entwachsen, des Gehens und Laufens anerkanntermaßen mächtig, ging es jetzt auf Entdeckungsreise. Das engere Umfeld, nämlich Wohnung, Garten und Straße vor der Tür, war ausreichend erforscht. Die unstillbare Neugier der nun dreijährigen Dreikäsehochs verlangte nach mehr. Und so erweiterten wir unter sachkundiger Führung von Eltern, Onkeln und Tanten von Woche zu Woche den Radius unserer Exkursionen. Die Augen konnten gar nicht weit genug geöffnet sein, um all das Neue, Bunte und Aufregende aufzunehmen, das sich uns draußen darbot.

Und Kinderaugen sehen sehr genau hin, registrieren mitunter zuverlässiger als die von Erwachsenen so wichtige Details wie beispielsweise die Anzahl der

Chronik

25. Januar 1939
Über 10 000 Menschenleben fordert ein Erdbeben in Chile. Weitgehend zerstört werden die Städte Concepción, Chillan und San Carlos.

15. März 1939
Nach der Abtretung des Sudetenlandes an Deutschland 1938 okkupiert Hitler nun auch die Rest-Tschechoslowakei. Das Einverständnis Prags wird durch die Drohung mit Krieg erpresst.

18. Juni 1939
Schalke 04 wird nach einem 9:0-Sieg über Admira Wien der erste „großdeutsche" Fußballmeister.

1. September 1939
Mit dem Angriff der Wehrmacht auf Polen bricht der Zweite Weltkrieg aus.

22. Januar 1940
Eine Kältewelle legt das öffentliche Leben in Europa weitgehend lahm. Von Schweden bis Jugoslawien fallen die Temperaturen auf bis zu 40 Grad minus. Sogar Rhein und Donau sind von einer dicken Eisschicht überzogen.

10. Mai 1941
Für Aufsehen sorgt der mysteriöse „Friedensflug" des Hitler-Stellvertreters Rudolf Heß am 10. Mai 1941: Er springt über England aus seiner Maschine mit dem Fallschirm ab, um London zu Friedensverhandlungen zu bewegen – ob mit Wissen Hitlers oder nicht, bleibt ungeklärt. Heß stirbt 1987 als letzter Häftling im Kriegsverbrecher-Gefängnis in Berlin-Spandau.

12. Mai 1941
In Berlin stellt der Ingenieur Konrad Zuse den weltweit ersten programmgesteuerten Digitalrechner auf elektromechanischer Basis vor. Das eigentliche Computerzeitalter beginnt allerdings erst nach dem Krieg.

22. Juni 1941
Das Unternehmen „Barbarossa" beginnt: Die Wehrmacht greift mit über drei Millionen Soldaten die Sowjetunion an. Beteiligt sind auch Truppen verbündeter Staaten wie Rumänien und Ungarn.

1. September 1941
Alle in Deutschland lebenden Juden werden verpflichtet, einen handtellergroßen gelben Stern mit der Aufschrift „Jude" auf ihrer Kleidung zu tragen.

Das Größte: auf Vaters Motorrad

Achsen großer Eisenbahnwaggons. Der Blick von der Brücke ergab: Sie haben an jeder Seite vier Räder, also zwei Doppelachsen. Als dann aber eine ansonsten sehr liebe Tante die gewissenhaft angefertigte Zeichnung mit der Bemerkung verwarf, da gehörten jeweils nur zwei Räder dran, war das schmerzlich, ja empörend. Und dem kleinen Erdenbürger dämmerte die Erkenntnis, dass dies wohl nicht der erste Fall von ungerechter Behandlung im Leben sein würde.

4. bis 6. Lebensjahr

Auch die Puppe muss nicht frieren

Holzklötzchen mit Rädern dran

Die Verkehrsmittel als sichtbarster Ausdruck von Technik – das faszinierte eben auch zu unserer Zeit schon die drei- bis fünfjährigen Steppkes. Folgerichtig verfügten wir Buben über die ersten Modellreihen von Lastautos und Eisenbahnen. Sie bestanden zwar jeweils oft nur aus Holzklötzchen mit Rädern dran, aber sie waren ungemein robust und zielgerecht konstruiert.

Die kleinen Mädchen zog es, wie es sich gehörte, mehr zur Puppenwelt hin. Sie waren einfach und schlicht, die Puppen von damals, bescheiden in ihrer Garderobe, aber dafür wunderbar individuell. Es gab noch keine Modetrends in den Puppenstuben; statt Massenware häufig genug liebevoll geformte Unikate aus Mutters Bastel- und Nähkiste.

Unsere Spielsachen waren kaum mechanisiert und stattdessen darauf angelegt, Fantasie und Einfallsreichtum anzuregen. Umso befriedigender dann das jeweilige Erfolgserlebnis, stolz verkündet oder still für sich allein genossen. Und überschaubar war das gängige Angebot an Spielzeug, jedenfalls nicht so überbordend, dass sich ein Gefühl von Übersättigung einstellen konnte.

Filmepos „Vom Winde verweht"

Einer der weltweit erfolgreichsten Filme, das amerikanische Bürgerkriegsepos „Vom Winde verweht", wird am 15. Dezember 1939 in Atlanta im US-Bundesstaat Georgia uraufgeführt. In den Hauptrollen als Scarlett O'Hara und Rhett Butler glänzen Vivien Leigh und Clark Gable. Der Streifen, mit acht „Oscars" ausgezeichnet, wurde nach dem gleichnamigen Roman von Margaret Mitchell gedreht. Er ist ein Evergreen, der auch heute noch im Repertoire der Fernsehsender steht.

Großmutter, Oma oder Omi

Großeltern gab es auch in unserer Kinderzeit in unterschiedlicher Ausführung. Liebevoll und gütig waren sie eigentlich alle. Hatten sie zusätzlich einen würdevollen und respektheischenden Habitus, war die von alters her übliche

4. bis 6. Lebensjahr

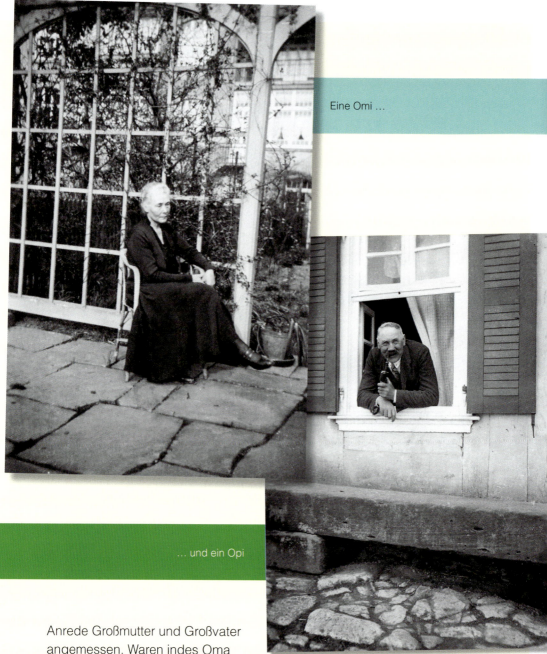

Eine Omi …

… und ein Opi

Anrede Großmutter und Großvater angemessen. Waren indes Oma und Opa – und das war die gängigste Form – besonders fürsorglich oder verständnisvoll bei kleinen Sündenfällen der Enkel, machte sie der Kindermund mit seinem Gespür für sprachliche Feinheiten auch mal zu Omi und Opi. Und avancierte eine Großmutter gar zu einer Omeli, hatte sie den höchsten Grad der Wertschätzung erreicht.

Hitler entfesselt den Zweiten Weltkrieg

Mit dem Überfall der Wehrmacht auf Polen am 1. September 1939 löst Hitler den Zweiten Weltkrieg aus. Zwei Tage später erklären Frankreich und Großbritannien entsprechend ihren Bündnisverpflichtungen Deutschland den Krieg. Die polnische Armee kapituliert nach rund vier Wochen. Deutschland und die Sowjetunion teilen das Land unter sich auf.

Im Frühjahr 1940 besetzen deutsche Verbände außer Dänemark auch Norwegen, um die Eisenerzlieferungen aus Schweden zu sichern. Am 10. Mai tritt die Wehrmacht zum Angriff gegen die alliierten Streitkräfte im Westen an, sie werden innerhalb weniger Wochen geschlagen. Großbritannien kann sein in Dünkirchen eingekesseltes Expeditionskorps über See evakuieren. Paris bittet um Waffenstillstand, der am 22. Juni im Wald von Compiegne unterzeichnet wird.

Die grauenvollste Phase des Zweiten Weltkrieges beginnt am 22. Juni 1941 mit dem Überfall der Wehrmacht auf die Sowjetunion, nachdem sie zuvor Jugoslawien und Griechenland erobert hatte. Den in den russischen Weiten zügig vorstoßenden Truppenverbänden folgen Einsatzgruppen des Sicherheitsdienstes, die Jagd auf Juden und andere „völkisch minderwertige Menschen" machen.

Vollends global wird der Krieg mit dem japanischen Überfall am 7. Dezember 1941 auf die amerikanische Pazifikflotte in Pearl Harbor. Deutschland, das im Jahr zuvor mit Japan und Italien einen Dreimächte-Pakt abgeschlossen hatte, erklärt nun auch den USA den Krieg.

Zu Fuß zum Tante-Emma-Laden

Konzentriert und mit einer gewissen Muße erledigten die Mütter ihre Besorgungen. Und vor allem meist zu Fuß, gab es doch in Stadt und Land den Tante-Emma-Laden um die Ecke, den Bäcker, Metzger und Milchladen. Das konnte ganz schön lange dauern, zumal die Einkaufstour Gelegenheit zu zwischenmenschlicher Kommunikation bot. Im Mittelpunkt standen dann – sofern mit von der Partie – häufig wir, was recht angenehme Folgen hatte.

In den „Kolonialwarenläden" pflegten wir nämlich andächtig die großen, mit Deckeln versehenen Gläser anzustarren, die mit roten, blauen und gelben Bonbons gefüllt waren. Der Kaufmann förderte dann eines zu Tage und nahm unser artiges Dankeschön lächelnd entgegen. Auch Bäcker, Fleischer und andere Vertreiber nahrhafter Dinge ließen sich durch Kinderaugen erweichen. Quengeliges Betteln war damals allerdings nicht üblich, eher verpönt.

4. bis 6. Lebensjahr

Badespaß unter Aufsicht

Zinkwanne als Badepool

„Alle Vöglein sind schon da, alle Vöglein alle …" Frisch und fröhlich sind Text und Melodie dieses Liedes. Wenn es uns die Mütter morgens beim Aufstehen vorsangen, kam uns eine erste Ahnung von dem Wunder des Werdens und Wachsens im Frühling. Pralle Lebensfreude vermittelte dann der Sommer, etwa wenn wir ihn an einem warmen Tag gemeinsam mit Nachbarskindern irgendwo auf einer Wiese erleben konnten. Paradiesisch ging es dann zu: Die Hüllen fielen, und man sprang in eine mittels Gießkanne gefüllte Zinkwanne, die ansonsten in der Waschküche angesiedelt war.

Besonders bei Aufenthalten im Freien waren die älteren Geschwister von den Eltern angehalten, auf die jüngeren aufzupassen, was diese im Allgemeinen auch hinnahmen. Geriet man aber in den Spiel- und Einflussbereich größerer Mädchen aus der Nachbarschaft, konnte deren Fürsorgedrang recht lästig werden, und merkwürdigerweise vor allem dann, wenn man dem anderen Geschlecht angehörte. Die jungen Damen überboten sich mit Ermahnungen, zogen einen immer wieder von irgendwo weg oder nestelten an der Kleidung herum. Empfanden sie es als eine gehobene Variante des Spiels mit Puppen? Ein schrecklicher Verdacht, der uns Buben, wenn auch unbewusst, schwer zu schaffen machte.

Waren unsere Mütter berufstätig, was damals noch nicht so verbreitet war wie heute, sprangen neben den älteren Geschwistern die Großeltern als Kinderhüter ein. Oder wir wurden in Kindergärten geschickt, die es in Deutschland schon seit den 20er-Jahren gab. Sie gewannen an Bedeutung, als im Verlauf des Krieges immer mehr Frauen zur Rüstungsarbeit verpflichtet wurden.

Für diesen kleinen Dreckspatz genügt ein Waschzuber

Weihnachten noch voller Zauber

Neigte sich das Jahr seinem Ende zu, wurde es zu Hause geheimnisvoll. An den Fenstern erschienen Engel auf Transparentbildchen, Kerzen wurden angezündet, es duftete nach Tannenzweigen und Spekulatius-Gebäck, das aus dem Bauch des Kohleherds hervorgezogen wurde. Abends saß die Familie

Weihnachtliche Hausmusik

4. bis 6. Lebensjahr

zusammen, und wenn Mutter mit der Blockflöte oder dem Klavier Adventslieder spielte, wurde uns richtig andächtig zumute.

„Bald kommt das Christkind und bringt lieben Kindern Geschenke" – diese Verheißung gewann an Aktualität, je mehr Fensterchen im Adventskalender offenstanden. Dort zeigten sich einfach gemalte bunte Bälle, Puppen oder Schneemänner, aber ohne Schokoladestückchen. Wir betrachteten sie versonnen als freundliche Vorboten dessen, was da an guten Dingen uns erwarten sollte. Mit Süßigkeiten wurden wir kurzgehalten.

Konsequente Himmelsboten

Zuvor musste aber noch mit dem 6. Dezember ein Tag bewältigt werden, dem wir mit Spannung, aber auch mit einer gewissen Beklommenheit entgegensahen. Der Besuch des Nikolaus und seines Gehilfen Knecht Ruprecht stand an, und beiden mussten wir Rede und Antwort stehen, wie artig wir gewesen seien. An geeigneten Onkeln mit tiefer Stimme mangelte es nicht. Wenn sie abends, in schwere Umhänge gehüllt und die Gesichter durch Bärte vermummt, im Wohnzimmer erschienen, bekamen wir vor Aufregung rote Backen und Ohren. An ihrer Authentizität bestand kein Zweifel, wurde doch ihre Einzigartigkeit nicht durch Heerscharen von Weihnachtsmännern in Frage gestellt, die heute in rot-weißem Einheitslook Einkaufspassagen und Märkte bevölkern.

Die Befragung ging meist glimpflich ab. Es kam aber auch vor, dass Knecht Ruprecht seine Rute tatsächlich zu strafender Anwendung brachte. Das geschah zwar nur auf symbolische Art, doch die moralische Wirkung war nachhaltig. Und keineswegs wohlfeil waren die Gaben aus dem Geschenksack von Nikolaus, sie mussten vielmehr nachweislich verdient sein. Insofern zeigten auch diese beiden Herren aus dem Himmel eine bemerkenswerte Konsequenz in der Erziehung.

Endlich war der Abend der Abende gekommen. Aus dem Weihnachtszimmer kam das Bimmeln eines Glöckchens, die Tür öffnete sich, wir wurden hineingeführt und bestaunten den dicht mit silbernen Lamettafäden und ebensolchen Kugeln geschmückten Christbaum. Scheu schweiften unsere Blicke über die Geschenkhäufchen, versuchten den Inhalt der Päckchen zu erraten, während sich der durch Opa und Oma verstärkte Familienchor dem Gesang hingab. Erst dann war der Weg frei zu den Geschenken, über deren Herkunft wir ganz sicher waren. Es war ein unverfälschter Christkindsglaube, der uns in den ersten Lebensjahren das Weihnachtsfest vergoldete.

Lale Andersen bei einem öffentlichen Auftritt

„Lili Marleen" an allen Fronten

Ein schon 1938 von der Sängerin Lale Andersen gesungenes Lied wird zum Hit in Deutschland und an allen Frontabschnitten, als es seit dem 1. August 1941 allabendlich vom deutschen Soldatensender in Belgrad ausgestrahlt wird: die Lili Marleen. Der Text: „Vor der Kaserne, vor dem großen Tor, stand eine Laterne und steht sie noch davor. So woll'n wir uns da wiederseh'n, bei der Laterne woll'n wir steh'n, wie einst Lili Marleen ..."

Auch bei den britischen Soldaten wird das etwas schwermütige Lied so beliebt, dass sie es mitsingen, wenn sie die Übertragung empfangen.

Nach dem siegreichen Frankreich-Feldzug paradierten in allen größeren deutschen Städten – wie hier in Freiburg (Breisgau) – Verbände der Wehrmacht. Unser Bild zeigt eines der Sturmboote, mit denen sie im Juni 1940 die Seine überquerten.

„… dein Vater ist im Krieg"

Von dem inzwischen ausgebrochenen Krieg bekamen wir zunächst kaum etwas mit. Es gab noch keine nennenswerten Bombenangriffe auf die Städte, und das alte Kinderlied „Maikäfer flieg, dein Vater ist im Krieg" beunruhigte uns nicht weiter. Irgendwann einmal hörten wir ununterbrochen die Kirchenglocken läuten. Die Erwachsenen wussten, warum: Nach dem gewonnenen Frankreich-Feldzug Ende Juni 1940 hatte Hitler die „Beflaggung des Reiches für zehn Tage und das Läuten der Glocken für sieben Tage" befohlen. Unsere späteren Erfahrungen mit dem Krieg sollten dagegen von Angst und Schrecken gekennzeichnet sein.

20 Abschnitte für lange Unterhosen

Kurz vor Kriegsausbruch war in Deutschland die Lebensmittel- und Rohstoffrationierung eingeführt worden. Die privaten Haushalte erhielten Ende August 1939 Lebensmittelkarten und Bezugsscheine für Verbrauchsgüter. Diese Umstellung auf die Kriegswirtschaft verlief reibungslos, weil bereits in den Vorkriegsjahren die staatliche Lenkung der Wirtschaft eingeführt worden war.

Die Konzentration auf die Rüstungsindustrie bedingte eine spürbare Einschränkung des privaten Konsums. Dazu wurde weder der Weg einer höheren Besteuerung noch, wie im Ersten Weltkrieg, der verhängnisvolle Weg von Preiserhöhungen gewählt, sondern die dritte Möglichkeit, nämlich die scharfe Rationierung aller wichtigen Gebrauchswaren. Gleichzeitig sorgte ein Preisstopp dafür, dass die Güter erschwinglich blieben. Damit erreichte es das NS-Regime, dass die meisten Deutschen während des Krieges nicht zu hungern brauchten und empfänglich blieben für die Durchhalteparolen.

Wenn unsere Mütter einkauften, wurden aus den Lebensmittelkarten und Bezugsscheinen die entsprechenden Abschnitte abgeknipst. Deren Warenwert war akribisch genau angegeben. Für einen Pullover oder einen Schlafanzug musste man sich von 30 Abschnitten trennen, ein „Gummimantel" erforderte 25 und eine „Winterjoppe" 40 Abschnitte. Benötigte der Vater eine lange Unterhose und eine Krawatte, kostete das neben dem Geldbetrag 20 bzw. drei Abschnitte. Auch das jedem Haushalt zustehende Lebensmittel-Kontingent war genau festgelegt.

Lebensmittelkarten des Ernährungsamtes Frankfurt vom Herbst 1939

4. bis 6. Lebensjahr

Glück des Überlebens in Kriegs- und Nachkriegszeit

Flaggenhissung auf dem Schulhof

Versammeln auf dem Schulhof zum Fahnenappell mit Hissen der Hakenkreuzfahne – so pflegte in dem Deutschland Adolf Hitlers der Unterricht nach den Ferien zu beginnen. Wir Schulanfänger konnten der Zeremonie naturgemäß noch nichts Erhebendes abgewinnen, wie es beabsichtigt war. Immerhin fanden wir das farbenprächtige Spektakel recht interessant und machten große Augen, wenn manche Lehrer bei besonderen Anlässen in SA-Uniform erschienen. Und wir beneideten die älteren Jungen und Mädchen, wenn sie ihre Uniformen der Hitler-Jugend (HJ) und des BDM (Bund Deutscher Mädel) trugen: In diesem Aufzug durften sie nämlich nicht von Lehrern geohrfeigt werden, was ansonsten als Disziplinarstrafe durchaus zugelassen war.

Chronik

28. März 1942
Beim ersten Großangriff britischer Flugzeuge auf eine deutsche Stadt wird das Zentrum Lübecks zerstört. Ab 1943 eskaliert der Luftkrieg gegen Deutschland, als auch US-Bomber einfliegen. Insgesamt 500 000 Menschen sterben in den Trümmern ihrer Häuser.

18. Juli 1942
Das erste serienmäßig gebaute Düsenflugzeug der Welt, die Me 262, absolviert in Deutschland einen erfolgreichen Testflug. Der Jäger (900 km/h) gelangt aber erst 1944 zum Fronteinsatz.

2. Februar 1943
Die 6. Armee unter General Paulus kapituliert in Stalingrad. Von den 91 000 überlebenden Soldaten kehren später nur knapp 6000 aus russischer Kriegsgefangenschaft zurück.

18. Februar 1943
Die Gestapo verhaftet die Studenten Sophie und Hans Scholl. Die Geschwister, Mitglieder der Widerstandsorganisation „Weiße Rose", werden am 22. Februar vom NS-Volksgerichtshof zum Tode verurteilt und am selben Tag hingerichtet.

2. September 1943
Albert Speer, Reichsminister für Bewaffnung und Munition, erhält Sondervollmachten zur Ankurbelung der Kriegswirtschaft. Er setzt verstärkt Zwangsarbeiter aus dem besetzten Ausland ein. Die Arbeits- und Lebensbedingungen der 14 Millionen Kriegsgefangenen und Verschleppten sind meist menschenunwürdig.

28. Januar 1944
Die „Feuerzangenbowle" mit Heinz Rühmann in der Hauptrolle kommt in die deutschen Kinos. Der Film wird ein Riesenerfolg und erlangt später Kultstatus.

13./14. Februar 1945
Zum Untergang Dresdens führt ein Massenangriff britischer Bomber. Die Zahl der Todesopfer – nach Schätzungen 35 000 – ist besonders hoch, weil die Stadt mit Flüchtlingen aus dem Osten überfüllt ist.

17. Juli 1945
In Potsdam beschließen die Regierungschefs der Siegermächte, dass Deutschland in Besatzungszonen aufgeteilt und entmilitarisiert werden soll.

In der Hitler-Jugend durchliefen die Jungen eine vormilitärische Ausbildung – hier elfjährige Jungvolk-Pimpfe beim Schießen mit dem Kleinkalibergewehr

In den Klassenzimmern saßen wir an Holzpulten, die Vertiefungen für das Schreibzeug und das Tintenfass enthielten. Schiefertafel und Griffel bildeten das erste technische Equipment, später folgten hölzerne Schreibwerkzeuge mit Stahlfedern. Die blieben oft in dem billigen faserigen Papier hängen, womit Tintenkleckse programmiert waren. Als Rechenhilfe dienten uns im ersten Schuljahr bunte, aneinandergereihte Holzkugeln, die man hin und her schieben konnte.

7. bis 10. Lebensjahr

Flucht über vereiste Straßen

Und der Krieg ging weiter. Wer von uns im Osten Deutschlands aufwuchs, konnte 1941 die endlosen Kolonnen der Wehrmacht auf ihrem Weg nach Russland vorüberziehen sehen. Tag und Nacht waren sie auf der Fernstraße vor dem Haus vorbeigerollt, Panzer, Lastwagen und Geschützgespanne. Das sah sehr eindrucksvoll aus. Doch die älteren Leute, die bereits den Ersten Weltkrieg erlebt hatten, zeigten sorgenvolle Mienen. Sie ahnten, dass der Feldzug in den Weiten des sowjetischen Riesenreiches kein gutes Ende nehmen würde.

Und so kam es auch. Im Winter 1945 rollten erneut deutsche Panzer und Militärfahrzeuge am Haus vorbei, aber diesmal zurück in Richtung Westen. Und spät, vielerorts viel zu spät, begann der Exodus der deutschen Bevölkerung aus den Ostgebieten, weil sie nicht rechtzeitig genug oder überhaupt nicht von den Behörden gewarnt worden war. Die Aufforderung zur Flucht passte nicht in die NS-Propaganda vom „Endsieg Deutschlands", und wer öffentlich daran Zweifel äußerte, machte sich der „Wehrkraftzersetzung" schuldig und musste mit der Todesstrafe rechnen. Aber als es dann ernst wurde, waren die Gau- und Kreisleiter die Ersten, die sich aus dem Staube machten.

Eine Mutter mit ihren Kindern im offenen Fuhrwerk auf der Flucht aus Schlesien

Viele Flüchtlingstrecks wurden auf den vereisten Straßen von sowjetischen Truppen überholt und vom Weg nach Westen abgedrängt. Grauenhafte Szenen spielten sich ab. Die Russen, die Zerstörungen und Massenmorde in der eigenen Heimat vor Augen, übten blutige Rache. Standen ihnen Flüchtlingstrecks im Wege, rollten sie oft mit ihren Panzern einfach über Menschen, Pferde und Wagen hinweg.

Rund sechs Millionen Juden umgebracht

Auf der berüchtigten Wannsee-Konferenz in Berlin am 20. Januar 1942 schafft das NS-Regime die organisatorischen Voraussetzungen für den Massenmord an den Juden. Der 1962 in Israel hingerichtete SS-Gruppenführer Adolf Eichmann hält die Beschlüsse in einem Protokoll fest. Danach sollen die Staaten Europas von den Juden als „tierisches Ungeziefer" gesäubert werden. Am Ende werden es rund sechs Millionen Menschen sein, die in den Konzentrationslagern umgebracht wurden. Im Warschauer Ghetto schlagen im Mai 1943 SS-Verbände einen Aufstand der jüdischen Bewohner nieder. 56 000 Juden sterben im Kampf.

Zu einem erschütternden Dokument der Judenverfolgung wird das im Juni 1942 begonnene Tagebuch des jüdischen Mädchens Anne Frank (Foto). Darin erzählt die 13-Jährige von ihrem Leben im Versteck in Amsterdam. Im August 1944 wird sie nach einer Denunziation von der SS deportiert. Im März 1945 stirbt Anne Frank im KZ Bergen Belsen.

Immer wieder ging es in den Luftschutzkeller

Der Tod kam vom Himmel

Auch im Westen und in der Mitte Deutschlands griff der Tod nach den Menschen. Dort kam er vom Himmel in Gestalt von Luftminen und Bombenteppichen, die alliierte Flugzeuge über den Großstädten abwarfen. In besonders gefährdeten Regionen wurden wir Kinder abends angezogen in die Betten gelegt, um bei Alarm schnell für den Umzug in die Keller und Luftschutzbunker bereit zu sein.

Ausgebombt – der Morgen danach

Hautnah erlebten wir die Schrecken der Bombennächte – an der Hand der Mütter bei der panischen Flucht durch Straßen, denen der Sauerstoff durch den Feuersturm entzogen wurde, oder im verschütteten Keller beim verzweifelten Warten auf Rettung von außen. Zunehmend wurden die Städte auch bei Tage angegriffen. Die älteren Kinderjahrgänge entgingen vielfach dem Inferno, weil man sie aus den Ballungsgebieten in Lager und Heime auf dem Land evakuierte.

Bombenattentat auf Hitler scheitert

Die von NS-Gegnern geplante gewaltsame Beseitigung des NS-Regimes schlägt fehl: Eine am 20. Juli 1944 von Oberst Claus Graf Schenk von Stauffenberg in das Führerhauptquartier „Wolfsschanze" bei Rastenburg in einer Aktentasche gebrachte Bombe verletzt Hitler nur leicht. Stauffenberg und andere werden standrechtlich erschossen. In einer Reihe von Schauprozessen gegen weitere prominente Verschwörer, darunter Generalfeldmarschall Erwin von Witzleben und der frühere Oberbürgermeister von Leipzig, Carl Goerdeler, werden zahlreiche Todesurteile verhängt und umgehend vollstreckt. Goerdeler sollte neuer Reichskanzler werden.

Die Zahl der im Zusammenhang mit dem 20. Juli Verhafteten beträgt rund 7000, die der Hingerichteten über 200. Zu ihnen gehören 36 hohe Offiziere, neun Diplomaten, ein Minister, drei Staatssekretäre und mehrere hohe Verwaltungsbeamte. Erwin Rommel, der populärste deutsche General, wird zum Selbstmord gezwungen.

Graf Schenk von Stauffenberg

Wir Kinder noch selbst im „Einsatz"

Im Frühjahr 1945 kam der endgültige militärische Zusammenbruch Deutschlands. Jeder von uns damals Acht- oder Neunjährigen hat eine bewusste Erinnerung an die Endphase des Krieges, den wir zwar als etwas Bedrohliches, aber zugleich auch als etwas Naturgegebenes begriffen. Zum Schluss befanden wir uns für wenige Wochen sogar noch selbst im „Einsatz": Wir mussten Stanniol-Papierstreifen einsammeln, die von den alliierten Flugzeugen zur Störung der deutschen Radargeräte abgeworfen wurden.

Während die Alliierten bei ihrem Einmarsch in Westdeutschland nur noch auf schwachen Widerstand stießen, kam es an der Oder und im Raum Berlin noch einmal zu außerordentlich erbitterten Kämpfen zwischen der Wehrmacht und der Roten Armee. Grauenvoll war die Lage in der von Bomben und danach durch sowjetische Artillerie zertrümmerten Reichshauptstadt. In den Kellern, die man tagelang nicht verlassen konnte, kamen wir uns wie kleine Tiere vor, die sich bei Gefahr in die Erde verkriechen.

Am 2. Mai 1945 kapitulierten die Verteidiger, doch viele unserer Mütter mussten noch einmal Schlimmes durchmachen: Russische Soldaten durchkämmten systematisch Häuser und Bunker nach Frauen und nahmen sie als Siegerbeute mit. Erst nach Wochen endeten die Exzesse.

Bedingungslose Kapitulation

Im Frühjahr 1944 steht die Rote Armee bereits an der ehemaligen polnischen Ostgrenze, die Westalliierten landen am 6. Juni in der Normandie und befreien Frankreich. Ein letzter Versuch der Wehrmacht, die Initiative im Westen zurückzugewinnen, scheitert im Dezember mit der Ardennenoffensive. Auch der Einsatz von „Wunderwaffen" wie der Rakete V 2 und die Einberufung von Jugendlichen und alten Männern zum „Volkssturm" können die Niederlage nicht mehr abwenden. Nach dem Selbstmord Hitlers am 30. April 1945 kapituliert Deutschland am 8. Mai bedingungslos. 5 180 000 deutsche Soldaten und 1 170 000 Zivilisten haben ihr Leben verloren.

In Ostasien kommt das Kriegsende nach dem Abwurf zweier amerikanischer Atombomben über Hiroshima und Nagasaki (6. und 9. August). Japan unterzeichnet die Kapitulationsurkunde am 2. September 1945.

Süße Herrlichkeiten aus Übersee

Die Sowjet-Soldaten waren arme Teufel, die nichts zu verschenken hatten. Briten und Franzosen waren auch nicht üppig ausgestattet. Aus vollen Händen gaben dagegen die wohlgenährten Soldaten aus Übersee, die GI's. Da sie generell kinderlieb waren, fühlten sie sich gedrängt, diese schöne Eigenschaft nun im besiegten Deutschland auszuleben, und wir waren die Nutznießer. Geradezu zentnerweise waren die US-Boys aus der Heimat mit Schokolade, Nusscreme, Erdnussbutter und Kaugummi versorgt. Sie erschienen uns wie Wesen aus dem Schlaraffenland, wenn sie, selber ständig kauend, diese süßen Gummiplättchen an uns Kids verteilten.

Mit der Zeit entwickelten sich feste Freundschaften zu Sergeant Cooper, Corporal Stevenson oder wie sie alle hießen. Beim täglichen Besuch vor den Soldaten-Quartieren – meist Gutshöfe, frühere Amtsgebäude oder Kasernen – wartete dann jeder von uns nur noch auf seinen speziellen Gönner. Es waren sozusagen Exklusivrechte im Geben und Nehmen, die sich 1945 vor allem in den ländlichen Gebieten herausbildeten. In eingeschränktem Maße galt das auch für die britische und französische Besatzungszone. Wenig begeistert reagierten unsere Mütter, wenn wir von unserem Freund aus Übersee einen Seesack voller schmutziger Wäsche mit nach Hause brachten, auf dass diese als Gegenleistung für diverse Süßigkeiten gereinigt werde.

Die GI's hatten ein Herz für Kinder

7. bis 10. Lebensjahr

Selbstgedrehte aus Ami-Kippen

Bemerkenswert auch unsere Tätigkeit in der Zigarettenproduktion. Massenweise lagen überall die Ami-Kippen auf dem Boden. Ihr Inhalt wurde einer neuen Verwendung zugeführt, indem wir sie auflasen, aufpulten und den Resttabak in Blechdosen verwahrten. Voller Stolz gaben wir ihn dann bei ausgewiesenen Rauchern ab, die daraus und mit Hilfe von irgendwelchem Papier neue Glimmstängel herstellten. Dass die Sache nicht gerade hygienisch war, kam keinem ernsthaft in den Sinn.

Wenn nicht mehr geschossen wird, hat die Sanitätstruppe nicht viel zu tun. Das kam uns zugute. Denn wenn die Khaki-Uniformierten mit dem roten Kreuz am Arm Kinder mit blutig aufgeschlagenen Knien oder sonstigen kleinen Verletzungen sahen, erschienen sie mit Verbandsmaterial und allerlei Desinfektionsmitteln. Waren wir von ihnen verarztet, staunten am Abend unsere Eltern nicht schlecht, schenkten sie doch derlei Blessuren meist gar keine Beachtung.

Der Weg zur Schule führt durch eine Trümmerlandschaft, doch diese Kinder können trotzdem lachen

Hunger und Wohnungsnot in den Städten

Wer von uns also das Glück hatte, eine nahrhafte Beziehung zu Besatzungssoldaten zu unterhalten und dazu auch noch auf dem Lande zu leben mit Zugang zu den bäuerlichen Erzeugnissen, kam einigermaßen gut durch die erste schwere Nachkriegszeit. Doch in den Städten herrschte zum Teil bittere

Wie ein Geschenk des Himmels trafen die CARE-Pakete bei den Not leidenden Familien ein

Hungersnot. Verschärft wurde die angespannte Versorgungslage durch den Zustrom von Flüchtlingen und Vertriebenen aus dem Osten.

Hilfe kam aus Übersee: Millionenfach trafen aus den USA Lebensmittelpakete der Hilfsorganisation CARE ein. Sie enthielten Milchpulver, Büchsenfleisch, Fett, Kekse, Kakao und Schokolade – Dinge, die viele von uns Stadtkindern vor schweren gesundheitlichen Entwicklungsschäden bewahrten.

In den zerbombten Großstädten war die Wohnungsnot erdrückend. Wir lebten in den wenigen noch erhaltenen, aber überbelegten Häusern, in Kellern oder in Barackenlagern. Einen besonders trostlosen Anblick boten dort die so genannten Nissenhütten. Sie bestanden aus Holz und Wellblech, waren schlecht belüftet und ließen kaum Tageslicht herein. Aber sie boten zumindest ein Dach überm Kopf.

Das Straßenbild bestimmten Ruinen und Trümmerberge. Aber im Gegensatz zu den Erwachsenen hat uns das trostlose Umfeld nicht sonderlich bedrückt. Mit der Unbekümmertheit und dem Optimismus der Jugend arrangierten wir uns mit den Schuttbergen, so als ob es sie immer gegeben hätte und nutzten sie als Abenteuer- und Spielplätze.

7. bis 10. Lebensjahr

Flucht und Massenvertreibung

Nach dem Zusammenbruch der deutschen Ostfront setzt einer der größten Flüchtlingsströme der Geschichte ein. Mehrere Millionen Deutsche flüchten mit Pferd und Wagen oder zu Fuß vor der anrückenden Roten Armee in Richtung Westen. Zehntausende kommen durch Gräuel russischer Soldaten ums Leben, Zehntausende sterben an Hunger und Erfrierungen. Über zwei Millionen Menschen werden von der deutschen Kriegsmarine aus Brückenköpfen an der Ostsee gerettet, aber 20 000 gehen mit Schiffen unter, die von den Sowjets versenkt werden.

Unmittelbar nach Kriegsende beginnt die Vertreibung fast aller Deutschen, die noch im Sudetenland, in Polen und anderen osteuropäischen Ländern leben. Viele werden Opfer von brutaler, vielfach sadistischer Gewalt oder erliegen Hunger und Seuchen. Am Ende sind es über elf Millionen Flüchtlinge und Vertriebene, die in den drei westalliierten und der sowjetischen Besatzungszone integriert werden müssen. Insgesamt 600 000 Deutsche verlieren auf dem Weg nach Westen ihr Leben.

Vertriebene aus den Ostgebieten warten auf einem westdeutschen Bahnhof auf ihren Weitertransport. Den Kindern hat man aus Sicherheitsgründen Nummernschildchen angeheftet

Schnell ein paar Hände voll Kohlen vom Waggon geholt, bevor Bahnpersonal oder die Polizei auftaucht

„Kohlenklau" wurde zum „Fringsen"

Abenteuer der besonderen Art erlebten wir gemeinsam mit unseren Eltern, wenn es darum ging, Brennmaterial für die heimischen Öfen zu organisieren. Das ist eine freundliche Umschreibung des in jenen Tagen allgemein praktizierten

„Kohlenklaus": Man pirschte sich an Güterzüge heran, die vor ihrer Entladung irgendwo auf freier Strecke standen und stopfte so viel wie möglich von dem „schwarzen Gold" in die mitgebrachten Taschen und Rucksäcke. Wir Kinder mussten dann häufig Schmiere stehen. Nachdem der Kölner Erzbischof Josef Frings den Diebstahl zur Erhaltung von Leben und Gesundheit öffentlich gerechtfertigt hatte, machte in Deutschland das Wort vom „Fringsen" – dem moralisch erlaubten Kohlenklau – die Runde.

Notfalls tat es auch eine alte Zinkwanne auf dem Hof

Badefreuden in der Küche

Die Küche war Dreh- und Angelpunkt des Familienlebens. Da der Herd meist immer Wärme ausstrahlte, die übrigen Zimmeröfen dagegen aus Ersparnisgründen oft kalt blieben, diente die Küche im Winter und an kühlen Sommertagen auch als Esszimmer, als Lernzimmer für uns Kinder, als allgemeiner Feierabend-Raum – und als Badezimmer. Gekachelte Räume mit Badewanne und Dusche waren nämlich damals noch keineswegs Wohnungs-Standard.

In die Bütt wurden wir einmal in der Woche gesteckt, und zwar meistens am Samstagabend. Das ging so vonstatten: Mutter setzte einen großen Topf mit Wasser auf den Herd und kippte es, wenn es heiß genug war, in eine längliche Zinkwanne, die mitten in die Küche gestellt worden war. Die bestiegen wir Geschwister dann nacheinander zum löblichen Werk der Ganzkörper-Reinigung, die in einer bestimmten Zeit vollendet sein musste. Das Badewasser wurde jeweils nicht ausgetauscht, wohl aber durch Zugaben aus dem Herdtopf ergänzt, was den unvermeidlichen Qualitätsverlust des Wanneninhalts einigermaßen milderte. Mit dem Wasser konnte man dann noch, wenn alle durch waren, den Holzdielenboden schrubben.

7. bis 10. Lebensjahr

Neben der Schule noch viele kleine Pflichten

Hamstern auf dem Lande

Tauschgeschäfte in Stadt und Land

Bis zum Ende der 40er-Jahre mussten die Deutschen mehr oder weniger ums nackte Überleben kämpfen. Erst später verbesserte sich als Folge der Währungsreform von 1948 die wirtschaftliche Situation. Lebensmittel, Heizmaterial und Kleidung waren überall Mangelware und oft nur auf dem Schwarzmarkt zu haben. Besonders bedrückend war die Situation in der sowjetischen Besatzungszone, weil dorthin so gut wie gar keine Hilfslieferungen von außen gelangten. In den Städten der Westzonen schossen

Chronik

10. Januar 1946
Delegierte aus 51 Staaten kommen in London zur ersten Vollversammlung der sechs Monate zuvor gegründeten UNO zusammen. Als vorrangiges Ziel wollen die Vereinten Nationen eine dauerhafte Friedensordnung in der Welt schaffen.

1. Oktober 1946
Im Nürnberger Kriegsverbrecher-Prozess werden zwölf der 21 Angeklagten zum Tode verurteilt, darunter Außenminister von Ribbentrop und die Generäle Keitel und Jodl. Hermann Göring, Oberbefehlshaber der Luftwaffe, nimmt sich vor seiner Hinrichtung mit einer Giftkapsel das Leben.

12. März 1947
Amerikas Präsident Truman kündigt vor dem Kongress an, dass die USA allen durch kommunistische Bewegungen und Staaten bedrohten Ländern wirtschaftliche (Marshall-Plan) und militärische Hilfe gewähren wollen. Die „Truman-Doktrin" wird zum Prinzip der US-Außenpolitik.

14. Mai 1948
In Tel Aviv proklamiert David Ben Gurion gegen den Widerstand der Araber den Staat Israel. Bereits am folgenden Tag greifen arabische Truppen an, werden aber zurückgeschlagen. Der Nahost-Konflikt bleibt bis in die Gegenwart ungelöst.

19. – 21. Juni 1948
Mit der Währungsreform löst in den Westzonen die Deutsche Mark die bisherige Reichsmark ab. Wenige Tage später sind die Lebensmittelläden mit den bis dahin zurückgehaltenen Waren prall gefüllt.

4. April 1949
In Washington wird das Nordatlantische Verteidigungsbündnis (Nato) gegründet. Außer den USA und Kanada gehören ihm zunächst zehn europäische Staaten an.

14. August 1949
Aus der ersten Bundestagswahl gehen die Unionsparteien CDU und CSU als Sieger hervor. Unter Kanzler Konrad Adenauer wird Wirtschaftsminister Ludwig Erhard zum „Vater des Wirtschaftswunders".

Tauschläden aus dem Boden, in denen sich jeder das besorgen konnte, was er gerade am dringendsten benötigte. Gleichzeitig zogen die Städter in Scharen zu Tauschgeschäften aufs Land.

Waren wir Stadtkinder, lief uns das Wasser im Mund zusammen, wenn Mutter mit einem Stück Schinken, einem Topf Sirup oder einem Huhn vom „Hamstern" nach Hause kam. Dass sie sich dafür von einem Teil ihres guten Geschirrs oder Schmucks als Zahlungsmittel trennen musste, erzählte sie uns nicht. Waren wir Kinder vom Lande, staunten wir über so manche Schmuckstücke, die für einige Beutel Kartoffeln oder Hülsenfrüchte auf den Tisch des Hauses gelegt wurden.

Puppe für ein Paar Gummischuhe

Auch unser Spielzeugbedarf konnte nur auf dem Tauschwege gedeckt werden. Der Kurs etwa für eine Puppe, natürlich aus zweiter oder dritter Hand, stand günstig: Man bekam sie bereits für ein Paar gebrauchte Gummischuhe oder ein ähnliches profanes Alltags-Utensil. Einen flotten Handel, freilich verdeckt und verschämt, gab es mit Zinnsoldaten, Panzermodellen und Kriegs-Brettspielen aus Führers Zeiten.

Die Drachen bastelten wir uns selber

Auch sonst war, da es neue Spielsachen noch kaum zu kaufen gab, unser Equipment reichlich veraltet. Wir fuhren mit Tretrollern der Baureihen 1930 bis 1940 und bemannten Bollerwagen, um mit ihnen Bergab-Schussfahrten auf den Straßen zu veranstalten. Zogen wir ins Wildwest-Manöver, mussten Stöcke als Gewehre und gekrümmte Holzstücke als

Die Mädchen liebten Hüpfspiele

Revolver herhalten. Pfeil und Bogen wuchsen, ihrer handwerklichen Erlösung harrend, in irgendeinem Busch.

War im Herbst Drachensteigen angesagt, wurden selbige ebenfalls in Eigenproduktion angefertigt: Zwei Latten über Kreuz genagelt, braunes Packpapier darübergezogen, eine papierbesetzte Schnur als Heckschwanz und fertig war das Luftgefährt. Unsere Drachen der Marke Eigenbau waren in der Regel so robust, dass sie mehrere Abstürze hintereinander ohne Totalschaden überstanden.

Immerhin kamen für die Mädchen schon frühzeitig neue, wenn auch äußerst einfache Spielartikel auf den Markt. Sehr beliebt waren Anziehpuppen aus Papier, die ebenso ausgeschnitten werden mussten wie eine Reihe dazu gehörender Kleider. Außerdem gab es Lackbildchen zum Einkleben ins Poesiealbum. Auf der Straße spielten die Mädchen „Hickelhäuschen": Nach bestimmten Regeln wurde in mit Ziffern versehene Felder gesprungen, die mit Kreide auf die Fahrbahn gezeichnet waren.

Bollerwagen als Allzweck-Fahrzeug

Der Bollerwagen war in den ersten Jahren nach 1945 als Allzweck-Fahrzeug für Jung und Alt unverzichtbar. Es handelte sich um einen einfach konstruierten kleinen Leiter- oder Kastenwagen mit Speichenrädern aus Holz und einer Deichsel mit zwei Handgriffen. Mit Bollerwagen wurde einfach alles transportiert: Kohlen, Kartoffeln, Holz, Milchkannen, Kinder oder auch mal

Vergnügungsfahrt mit Opa

gehbehinderte alte Menschen. Sie wurden gezogen von dem Bauern, der in seinem Garten Kohlköpfe erntete, ebenso wie von dem Professor, der von der Stadt aus zu einer stundenlangen Überlandtour aufbrach, um Lebensmittel einzutauschen.

Wir rüsteten, waren wir auf Wildwest-Tour, die Boller- gern zu Planwagen um, indem über seitlich aufgesteckte Latten eine alte Zeltbahn gelegt wurde. Unterwegs sammelten wir Fallobst als Wegzehrung ein und verlebten, im Wagen zusammengekauert, herrlich unbeschwerte Stunden, vor allem, wenn es draußen stürmte oder regnete.

Mutproben in der Scheune

Herrschte Regenwetter, zog es die Landjugend in die Scheunen. Wir balancierten zwei Stockwerke hoch über die Balken, um uns dann in die Tiefe in das unten gelagerte Heu oder Stroh zu stürzen. Die Sprünge galten als Mutprobe,

Auf dem Kriegspfad

der sich auch Mädchen unterzogen. Niemand von den Erwachsenen kam auf die Idee, uns bei diesem nicht ungefährlichen Treiben zu kontrollieren: Häufig waren Ackergeräte wie Pflüge und Eggen unter dem Heu verborgen oder die Auflage war zu dünn. Jedenfalls hatten wir mehr als einmal recht unsanfte Landungen, die zu blauen Flecken und Verstauchungen führten.

Schwindelfrei wie wir waren, verfügten wir auch über ein zünftiges Baumhaus in einer riesigen Buche mit weit ausladenden Ästen. Die erforderlichen Bretter und Balken waren mit Stricken hochgezogen und oben zusammengenagelt worden. Wie Affen tobten wir in dem Geäst umher und hielten es für völlig ausgeschlossen, nach einem falschen Griff abzustürzen. Im Baumhaus eingelagert waren Brotstullen und Wasserflaschen.

Bratkartoffeln mit Kaffeesatz

Unser Appetit am Mittagstisch litt nicht im mindesten darunter, dass den Bratkartoffeln in der Pfanne statt Speck Kaffeesatz beigegeben wurde, oder dass der Gulasch, wenn es ihn denn mal gab, mit Brotstückchen verlängert war. Auch die aus der Not geborene vegetarische Leberwurst fand anstandslos den Weg in unsere Mägen; sie war eine Mischung aus Mehl, Hefe, Kräutern und kräftigen Gewürzen.

Die Erfrischungsgetränke wurden aus Leitungswasser und Brausepulver zubereitet. Das Brausepulver, rot oder grün, gab es in kleinen Papiertütchen zu kaufen. Wir schlürften es gern auch im Trockenzustand von der Handfläche und genossen den komprimierten süßsauren Geschmack. Beliebt waren auch „Karamellbonbons", die auf dem heimischen Herd aus Gerstenkörnern und Zucker hergestellt wurden.

An Obst wurde nur das verzehrt, was in den Gärten und beiderseits der Landstraßen wuchs. Die nämlich waren damals gesäumt von Apfel- und Birnbäumen, von denen man gegen einen Obolus einen oder mehrere für sich reservieren lassen konnte, um sie im Herbst abzuernten. Die Früchte wurden auf Holzregalen im Keller gelagert oder zu Mus verarbeitet. Wir Kinder hatten schnell herausgefunden, wo besonders erlesene Obstsorten angebaut waren. Exotische Südfrüchte gab es nicht. Erst im Juni 1949 traf erstmals eine Ladung Bananen aus Übersee in Deutschland ein.

Ohne Strümpfe oder gleich barfuß

Die Jugend der späten vierziger Jahre schmückte sich nicht mit „cooler Markenkleidung", sondern musste überwiegend mit selbst genähten oder umgeänderten Kleidungsstücken vorliebnehmen. So wurden alle noch vorhandenen Militärmäntel und sonstige alte auf dem Boden aufgefundenen Textilien aufgetrennt und mit Hilfe von fußbetriebenen Nähmaschinen einer neuen Verwendung zugeführt. Die Mädchen trugen, um ihre Kleider zu schützen, werktags oft Schürzen, die auch in der Schule nicht abgelegt wurden. Und wenn es die Temperaturen erlaubten, ließ man uns ohne Strümpfe oder gleich barfüßig aus dem Haus.

Mit der Schürze in die Schule

Eiserner Vorhang und Kalter Krieg

Nach dem Zweiten Weltkrieg ist die Alte Welt, der europäische Kontinent, ausgepowert. Deutschland liegt in Schutt und Asche, die Wirtschaft auch in den anderen Ländern am Boden. Die neuen Machtzentren heißen USA und Sowjetunion. Aus den beiden früheren Verbündeten werden Gegner, als die UdSSR damit beginnt, alle osteuropäischen Staaten durch massiven Druck einschließlich der Förderung von Staatsstreichen in ihren Machtbereich zu zwingen.

Zum Ende der Dekade senkt sich quer durch Europa und mitten durch Deutschland der Eiserne Vorhang nieder, der den kommunistischen Ostblock vom „freien Westen" trennt. Das politische Klima wird frostig, und die Angst geht um, dass aus dem „Kalten Krieg" ein heißer, atomar geführter dritter Weltkrieg wird.

Im geteilten Deutschland entstehen 1949 mit der Bundesrepublik und der DDR zwei Staaten, die den jeweiligen Machtblöcken angehören. Konrad Adenauer, der erste Bundeskanzler, betreibt die Westintegration der aus freien Wahlen hervorgegangenen „Bonner Republik" als vorrangiges politisches Ziel. Die staatliche Ordnung der DDR mit dem ersten Präsidenten Wilhelm Pieck beruht auf einem bereits 1946 eingeleiteten stalinistischen Repressionskurs und entbehrt der demokratischen Legitimation.

Mit dem Henkelmann in die Schule

Weil viele Kinder vor allem in den Städten Mangelerscheinungen hatten, wurde die Schulspeisung eingeführt. Sie bestand aus Kakao und gelber Erbswurstsuppe, die nur mäßig schmeckte, aber nahrhaft war. Das Essgeschirr brachte jeder selber mit: Einen Becher und ein Metalltöpfchen mit dünnem Metallbügel, den Henkelmann. Gegessen wurde in der großen Pause. Danach waren die beiden Behältnisse, die meist nicht aufgewaschen wurden, ekelhaft verklebt.

Stramme Sitten herrschten an den Schulen. Die Lehrer handhabten ihre Lineale mitunter als Züchtigungsmittel und waren schnell dabei, uns zu einer Stunde Nachsitzen zu verdonnern. „Strafarbeiten" – damals konnte man sie auch noch so nennen – mussten wegen der Knappheit an Papier zum Teil auf Zeitungsränder geschrieben werden, etwa hundertmal „Ich darf im Unterricht nicht schwätzen".

Wir hatten unbedingten Respekt vor unseren Lehrern, was uns gleichwohl nicht davon abhielt, den einen oder anderen richtig gern zu haben. „Es sind eigentlich alles feine Kerle", heißt es über die Pauker in dem Rühmann-Film „Die Feuerzangenbowle". Im Rückblick auf unsere Schulzeit können wir dem nur zustimmen.

Essen fassen in der großen Pause

11. bis 14. Lebensjahr

Schichtunterricht: Die „Vormittagsschüler" verlassen den Klassenraum, während die nächste Gruppe bereits wartet

„Für den Unterricht genehmigt ..."

Disziplin im Unterricht tat auch angesichts der überfüllten Klassenräume dringend Not. Wenn sich 50 bis 60 Schüler in einem Raum zusammendrängten, war das keine Seltenheit. Ursache war der große Mangel an Schulgebäuden. In den zerbombten Großstädten musste man zum „Schichtunterricht" übergehen, bei dem die Kinder – meist wöchentlich wechselnd – an Vor- und Nachmittagen unterrichtet wurden. Miserabel war die Ausstattung mit Lernmaterial. Als etwas Besonderes galt schon der Besitz eines Bleistifts mit Radiergummi am Ende, sie kamen über die CARE-Pakete aus Amerika nach Deutschland. Die Schulbücher trugen einen Stempelvermerk der jeweiligen Besatzungsmacht, der beispielsweise lautete: „Für den Unterricht genehmigt von der US-Militärregierung."

Große Klassenfahrten verboten sich aus verschiedenen Gründen von selbst. Aber auch die Ausflüge auf Schusters Rappen in die nähere Umgebung boten uns eine willkommene, Vergnügen bereitende Abwechslung. Verfügte der Lehrer über eine gute Connection, ließ er die Wanderroute an einer der damals noch zahlreichen Molkereien vorbeiführen. Dort wurde dann aus großen Kannen kostenlos Milch ausgeschenkt.

Küchen- und Kellerdienst

Schulstress hin, Schulstress her – auch bei der Bewältigung des heimischen Haushalts hatten wir 10- bis 13-Jährigen ein festes Pflichtprogramm zu erfüllen. Als „MüKaKo" beispielsweise war man dafür verantwortlich, dass der Müll entsorgt und aus dem Keller täglich die Kartoffeln und Kohlen heraufgeschafft wurden. Und wenn die Holzdielen gewachst und gebohnert werden mussten, war es für uns Jungen Ehrensache, den schweren Bohnerbesen in kraftvolle Tätigkeit zu setzen.

Die Mädchen mussten in der Küche mit ran, wenn es galt, Bohnen zu „schnippeln", Erbsen zu „döppen" oder für Marmelade bestimmte Johannisbeeren „abzustrippen". Tiefgefrorene und vakuumverpackte Lebensmittel sollten erst viele Jahre später die Arbeit der Hausfrauen erleichtern.

Im Sommer war Einmachzeit. Dann köchelten die Weckgläser, gefüllt mit Obst und Gemüse, unterschiedlich lange im Wecktopf vor sich hin. In den folgenden Wochen dann immer wieder Kontrollgänge in den Keller: Hielten die mit Gummiringen unterlegten Glasdeckel dicht? Oft taten sie es nicht, so dass die guten Sachen umgehend verzehrt werden mussten.

Eine weitere spannende Angelegenheit war die Herstellung von Sauerkraut. Dabei wurde geschnitzeltes Weißkraut in großen Steinguttöpfen eingelagert und an der Oberfläche mit einem Brettchen und einem Stein beschwert. Die natürliche Gärung bis zum Sauerkraut konnte man ständig beobachten.

Auch das Entstehen von Dickmilch verfolgten wir mit Wohlwollen. Die Milch, die man damals im Laden oder beim Milchmann auf der Straße kaufte, war nicht pasteurisiert. Füllte man sie für einige Tage in irdene Schälchen, wurde sie säuerlich wie der heutige Joghurt, und auf ihrer Oberfläche bildete sich eine dicke Schmandschicht. Mit Zucker und Zimt bestreut, war Dickmilch ein köstlicher Nachtisch.

Bei der Kartoffelernte halfen auch wir Kinder mit

„Rosinenbomber" unterlaufen Berlin-Blockade

Mit einer Sperrung aller durch die sowjetische Besatzungszone führenden Land- und Wasserwege von der Bundesrepublik nach Berlin versucht Moskau, die Westalliierten zur Aufgabe ihrer Westsektoren zu bewegen und damit die Stadt ganz unter seine Kontrolle zu bringen.

Die Blockade, die am 24. Juni 1948 beginnt, wird jedoch von den Westmächten durch eine beispiellose Luftbrücke unterlaufen. Tag und Nacht bringen Flugzeuge, im Volksmund bald „Rosinenbomber" genannt, lebenswichtige Güter nach Berlin. Am 12. Mai 1949 heben die Sowjets die Blockade auf.

Berliner beobachten den Anflug amerikanischer Transportmaschinen nach Tempelhof

Kartoffeln aus dem offenen Feuer

Für die Landjugend war es selbstverständlich, auf dem Feld mit auszuhelfen, wenn Not am Mann war, sei es beim Rüben-Verziehen oder bei der Kartoffelernte. Begann es zu dämmern, pflegte man eine Handvoll Erdäpfel in offenem Feuer zu rösten, bis ihre Schalen schwarz wurden. Das gab ihnen einen wunderbar erdigen Geschmack.

    In den Wäldern trafen wir auf Gleichaltrige aus der Stadt, wenn sie zusammen mit Erwachsenen Heidelbeeren, Bucheckern als Nussersatz oder Holz und Tannenzapfen sammelten. Letztere eigneten sich hervorragend zum Anfeuern der Öfen. Als Briketts auf den Markt kamen, legten unsere Eltern vor dem Zu-Bett-Gehen eines in die Feuerstelle des Küchenherds, nachdem sie es in feuchtes Papier gewickelt hatten. Auf diese Weise blieb die Glut bis zum Morgen erhalten.

Mit Briefmarken in die weite Welt

„Tausche Adolf Hitler gegen Wilhelm Tell, und für die englische Königin würde ich gern dieses indische Rennpferd von dir haben" – so oder ähnlich verliefen die geschäftlichen Verhandlungen zwischen uns Briefmarkensammlern. Fast jeder, der so um die elf bis 13 Jahre alt war, sammelte damals mit Leidenschaft Briefmarken aus aller Herren Länder. Stunden konnten wir damit verbringen, die bunten und vielfach fremdartig anmutenden Papierstückchen mit warmem Wasser vorsichtig von den Briefumschlägen zu lösen, sie auf Löschpapier zu trocknen und dann in die Alben zu stecken.

Es war etwas ganz Eigenes mit diesem Hobby. Es entführte uns in ferne, exotische Länder, es eröffnete uns quasi die ganze Welt, die damals noch so weit weg war, weil von ihr noch nichts auf TV-Bildschirmen zu sehen war und weil der einsetzende Tourismus gerade mal bis Italien reichte.

Marshallplan hilft Westeuropa

Beunruhigt durch die wirtschaftliche Schwäche Europas, die einen Nährboden für politische Instabilität bildet, beschließen die USA im Sommer 1947 ein nach ihrem Außenminister George C. Marshall benanntes wirtschaftliches Aufbauprogramm für den Alten Kontinent. Washington bietet in erster Linie Hilfe zur Selbsthilfe an. Im April 1948 rollt der milliardenschwere Marshallplan an, von dem 16 Staaten profitieren. Die Sowjetunion und die osteuropäischen Länder haben eine Beteiligung abgelehnt.

Die USA liefern Lebensmittel und Rohstoffe und stellen Kredite sowie technisches Knowhow zur Verfügung. Die drei westlichen Besatzungszonen Deutschlands erhalten Hilfe im Wert von rund 550 Millionen Dollar und liegen damit an vierter Stelle hinter Großbritannien, Frankreich und Italien. Zur Koordinierung der Maßnahmen wird die Organisation für europäische wirtschaftliche Zusammenarbeit (OEEC) gegründet.

Wiederaufbau mit Hilfe des Marshallplans

Voller Saft und Kraft – und ein wenig naiv

Halbstarke und Jugendfehden

Mit Beginn der 50er-Jahre kam das Schlagwort von den „Halbstarken" in Mode. So nannte man sozial unangepasste Jugendliche, die durch Geltungssucht, Kraftmeierei und Krawalle unangenehm in Erscheinung traten. Und die sich, als Banden organisiert, in den Großstädten Schlägereien mit anderen Jugendgangs lieferten. Im Laufe der Zeit wurde die Bedeutung des Begriffs „Halbstarker" aufgeweicht, denn so mancher Erwachsene gefiel sich darin, mit diesem Prädikat pauschal alle noch unfertigen jungen Leute zu belegen. Es war ein Ausdruck der Geringschätzung mit einem Touch von Gönnerhaftigkeit.

Uns fuchste es jedenfalls gewaltig, so tituliert zu werden. Gewiss, wir lagen den Eltern noch auf der Tasche, aber man legte sich doch mächtig ins Zeug, um bald auf eigenen Beinen stehen zu können, so dachten wir. Und unsere

Chronik

31. Januar 1950
US-Präsident Truman ordnet die Entwicklung der Wasserstoffbombe an. Der nukleare Rüstungswettlauf mit der UdSSR gewinnt damit eine neue Dimension.

24. Oktober 1950
Chinesische Truppen marschieren im Nachbarland Tibet ein mit der Begründung, die drei Millionen Einwohner „von der imperialistischen Unterdrückung zu befreien". Der Himalaja-Staat wird faktisch Teil der Volksrepublik.

12. Februar 1951
In Teheran heiratet Schah Resa Pahlevi die 18-jährige Fürstentochter Soraya, die damit Kaiserin von Persien wird. Sieben Jahre später wird die Ehe wegen Kinderlosigkeit geschieden.

6. Juni 1951
In Berlin finden die ersten Filmfestspiele statt. Der erstmals vergebene Bundesfilmpreis für den besten Film geht an „Das doppelte Lottchen" nach dem Buch von Erich Kästner.

26. Mai 1952
Mit der Unterzeichnung des Deutschlandvertrages in Bonn erlischt das Besatzungsstatut der Bundesrepublik. Die Westalliierten behalten jedoch das Recht zur Truppenstationierung.

23. Februar 1953
Die Fluchtwelle aus der DDR erreicht ihren bisherigen Höhepunkt: An einem einzigen Tag melden sich 3200 Menschen in Westberlin und bitten um Aufnahme in die Bundesrepublik.

2. Juni 1953
Als Elizabeth II. wird die 27-jährige britische Thronfolgerin zur Königin von Großbritannien und Irland gekrönt. Die Zeremonie wird erstmals live vom Fernsehen in einer Eurovisionssendung übertragen.

4. Juli 1954
Sensationell gewinnt die deutsche Fußball-Elf unter Sepp Herberger im Berner Wankdorfstadion das WM-Finale gegen den haushohen Favoriten Ungarn mit 3:2. Das Siegtor schießt Helmut Rahn.

Drei „Halbstarke" auf einem Volksfest: Soeben haben sie an der Schießbude Blumen geschossen, um sie Mädchen zu überreichen, die sie offensichtlich bereits im Visier haben

Fehden mit der Jugend des anderen Stadtteils oder des Nachbardorfes waren doch wirklich harmlos, so dachten wir auch. Doch leider gab es auf beiden Seiten oft blutige Köpfe, vor allem, wenn als Distanzwaffe die Zwille zum Einsatz kam. Mit dem an einer Holzgabel befestigten starken Gummiband wurden mit ziemlichem Effekt kleine Steine verschossen.

15. bis 18. Lebensjahr

Volle Konzentration auf das runde Leder: Ein junger Stürmer beim Fußballspiel auf der Dorfwiese

Faszination Fußball

Sehr bald entdeckten wir eine neue Form des Kräftemessens: den Fußball. Mit der Wiederaufnahme des Spielbetriebs in Deutschland gab es das runde Leder auch wieder zu kaufen. Der Sportdress wurde allerdings noch von unseren Müttern genäht, sehr individuell nach Vorgabe. Den Torschuss trainierten wir ausdauernd an Scheunen- oder Garagentoren. Auf irgendeiner Wiese fanden dann Turniere der rivalisierenden Jugendgruppen statt.

Im Vertragsfußball wurde der deutsche Meister in einer Finalrunde der besten Oberliga-Klubs ermittelt. Die Bundesliga gab es noch nicht. Wenn das Endspiel angepfiffen wurde, saßen wir vor den Radioapparaten und verfolgten gebannt die Reportage der Sportjournalisten. Das waren gewiefte Schnellsprecher. Einer der populärsten Reporter war Herbert Zimmermann. Seine emotionsgeladene Wiedergabe des Weltmeisterschafts-Finales zwischen Ungarn und Deutschland (4. Juli 1954) ging in die Rundfunk- und Sportgeschichte ein.

In kichernden Gruppen

Die Mädchen gingen zunächst noch ihre eigenen Wege – und uns aus dem Wege. So im Alter von 14 und 15 Jahren pflegten sie vielmehr Freundschaften untereinander, aktualisierten ihre Poesiealben und flanierten in kichernden Gruppen über die Straßen. Mahnungen der Eltern, sich auch außerhalb der Schule den musischen Künsten zu widmen, waren sie eher zugänglich als wir. So waren es besonders Mädchen, die in den Nachmittagsstunden der

Blockflöte dünne Töne entlockten oder am Klavier die Tonleitern rauf- und runterspielten.

Eine Sonderstellung unter den Musikinstrumenten nahm die allseits beliebte Mundharmonika ein. Sie steckte auch in den Hosentaschen vieler Jungen, um sie jederzeit zur Hand zu haben.

Sie traten meist in Grüppchen auf: die jungen Damen

„Familie Hesselbach" im Radio

Am Abend hatte man gefälligst zu Hause zu bleiben. Nach dem Essen setzte sich die Familie zu gemeinsamen Brett- und Kartenspielen an den Tisch oder allgemeines Schmökern war angesagt. Wir waren nämlich damals richtige Leseratten. Karl May und andere entsprechende Jugendbücher waren erlaubt, ja erwünscht. Trivialliteratur, womöglich Anstößiges, wurde von den wachsamen Eltern nicht geduldet. Als Informations- und Unterhaltungsmedium diente vor allem das Radio. Großer Beliebtheit erfreuten sich Kriminalhörspiele und Hörspielreihen wie „Die Familie Hesselbach", die man möglichst nie versäumte.

Fernsehen war noch eine exotische Angelegenheit. Die erste öffentliche TV-Übertragung flimmerte am 25. Dezember 1952 über die Bildschirme. Sie dauerte allerdings nur zwei Stunden und konnte an lediglich 4000 Geräten verfolgt werden.

Gesteigerten Hörgenuss bringen die UKW-Radios, die auf der ersten deutschen Funkausstellung Ende August 1950 in Düsseldorf der Publikumsmagnet sind

Doch die Verlockungen von außen nahmen zu. Wie eine Kirmes mit Karussells und Schaustellerbuden und das Innere eines Zirkuszeltes aussahen, wussten wir inzwischen. Aber nun erreichte uns der Hauch der großen, weiten Welt in Gestalt des Films. In den Städten schossen, oft noch inmitten von Trümmerschutt, neue Kinos aus dem Boden. Gezeigt wurden vorrangig US-Produktionen mit einer Flut von Western, aber auch die deutsche Filmindustrie kam wieder in Gang. Die ersten Filme, die wir zusammen mit den Eltern sahen, hießen „Das Dschungelbuch" und „Die Jungfrau von Orleans".

Die große Zeit des Heimatfilms

Während in der unmittelbaren Nachkriegszeit die deutschen Produzenten besonderen Wert auf thematisch anspruchsvolle Filme legen, beginnt sich das mit den fünfziger Jahren zu ändern. Das breite Publikum wird mit dem einsetzenden Wirtschaftswunder bequemer, will nur noch ungern im Kino mit Problemen belästigt werden. Es beginnt die große Zeit des Heimatfilms, heiter-gefühlvoll im Ablauf und mit garantiertem Happy End.

Der erste deutsche Farbfilm nach 1945, „Schwarzwaldmädel" mit Sonja Ziemann und Rudolf Prack (Bild) in den Hauptrollen, läuft am 7. September 1950 in mehreren Städten an. Er wird zum Kassenschlager. Bekannte Filmlieblinge sind unter anderem auch Maria Schell, Romy Schneider, Ingrid Andree, O. W. Fischer, Dieter Borsche und Curd Jürgens.

Aus den USA gelangt eine ganze Reihe hervorragender Filme in die deutschen Kinos, wie etwa „Endstation Sehnsucht" mit Vivien Leigh und Marlon Brando, „Verdammt in alle Ewigkeit" mit Burt Lancaster und Frank Sinatra oder „Die Caine war ihr Schicksal" mit Humphrey Bogart.

Die Operettenverfilmung „Schwarzwaldmädel" wurde vor allem wegen der romantisch-optimistischen Grundstimmung zu einem Publikumsmagneten

Eisdielen kamen groß in Mode

Siegeszug der Eisdielen

Eine weitere Stufe auf dem Weg zum Genussmenschen nahmen wir mit der Hinwendung zum Speiseeis, das erst zögerlich, dann aber schnell flächendeckend angeboten wurde. Anfangs waren es die eher konventionellen Erzeugnisse deutscher Cafés, die in moderaten Mengen geschleckt wurden. Als sich jedoch allenthalben italienische Eisdielen etablierten, zeigte die Konsumkurve steil nach oben mit der beklagenswerten Folge, dass unser karges Taschengeld häufig verprasst wurde.

Einen Groschen kostete damals eine Eiskugel. Nur wer sich damit pro Tag begnügte, vorzugsweise jeweils nach Schulschluss, kam einigermaßen über die Runden. Ließ man sich jedoch von deutlich besser betuchten Klassenkameraden dazu hinreißen, im Café eines jener silbrigen Schälchen mit nicht weniger als drei Eisportionen zu bestellen, stellten sich danach Reue und Katzenjammer ein.

15. bis 18. Lebensjahr

Im Bombenhagel auf die deutschen Städte wurden die meisten Kirchen beschädigt oder zerstört. Bis zu ihrem Wiederaufbau wurden vom Einsturz gefährdete Gebäudeteile durch Einzug von Stützmauern stabilisiert

Als Geschenk ein Gesangbuch

Bescheidenheit bestimmte nach wie vor die äußeren Bedingungen unseres jungen Lebens. Das galt auch für das familiäre und verwandtschaftliche Drum und Dran bei Konfirmation und Erstkommunion. Die religiöse Bedeutung des Ereignisses stand im Vordergrund, die Geschenke waren Nebensache. Die 14-jährigen Konfirmanden wurden, obwohl vier Jahre älter als die Kommunionkinder, ebenso meist nur mit einem neuen Gesangbuch und allenfalls einer gebrauchten Uhr bedacht.

Durch die Massenflucht aus den ehemals deutschen Ostgebieten war eine starke Vermischung der

Eine Besonderheit im religiösen Leben der Nachkriegszeit war das Massenapostolat des Jesuitenpaters Johannes Leppich: Er predigte auf Straßen und Plätzen

Konfessionen eingetreten. Beim Bemühen um gegenseitige Toleranz gingen die Kirchen mit gutem Beispiel voran. Hatten die vornehmlich aus Schlesien stammenden Katholiken keine religiöse Bleibe, stellten ihnen die evangelischen Pfarrer ihre Gotteshäuser für die Messe zur Verfügung. Umgekehrt verfuhr man in den katholischen Stammgebieten. Oft fanden Gottesdienste notgedrungen auch in Schulräumen statt.

Die Kirchen waren zu dieser Zeit rappelvoll. Für den Gottesdienst wurden auch lange Fußwege in Kauf genommen. In der Kirche sortierte man sich anfangs noch, wie bei den Altvorderen, nach Alter und Geschlecht. Der Kirchengesang stand in voller Blüte: Man kannte die Texte, und schon wer leidlich bei Stimme war, benutzte sie zum Lobe des Herrn laut und deutlich.

Hunderte von Menschen winkten den Heimkehrern zu

Blumen für die Spätheimkehrer

Wann kommt Vater endlich aus russischer Kriegsgefangenschaft heim? 1946 hatten wir von ihm einen Brief und damit sein erstes Lebenszeichen nach der Kapitulation Deutschlands erhalten. Er wurde in einem Lager in Sibirien festgehalten und musste mit seinen Leidensgenossen täglich hinaus in die Wälder, um Bäume zu fällen und aus den Stämmen Bretter zuzuschneiden. Viele seiner Kameraden erlagen Krankheiten oder starben an Unterernährung.

Im Herbst 1953 hatte das bange Warten ein Ende: Vater werde mit einem der nächsten Heimkehrer-Transporte im Grenzdurchgangslager Friedland bei Göttingen eintreffen, wurde uns mitgeteilt. Selbstverständlich fuhren wir hin, um ihn abzuholen. Die Heimkehrer wurden nach ihrer tagelangen Zugfahrt durch die Sowjetunion und anschließend durch die DDR zunächst zum Zonengrenzkontrollpunkt Herleshausen nahe Eisenach gebracht. Von hier ging es dann mit Bussen und in privat organisierten Auto-Konvois weiter nach Friedland. Überall an den Straßen standen winkende Menschen, die Blumen und Früchte in die Busse reichten. Von den insgesamt 3,2 Millionen deutschen Kriegsgefangenen in Russland sah jeder Dritte die Heimat nicht mehr wieder.

Beginn des „Wirtschaftswunders"

Anfang der 50er-Jahre richten sich die Menschen in den beiden Teilen Deutschlands ein – und krempeln die Ärmel hoch. Denn obenan steht der Wille zum Wiederaufbau und zur Überwindung der Kriegsfolgen. Doch wegen der gegensätzlichen Gesellschaftsordnungen entwickeln sich unterschiedliche Lebensgrundlagen und Lebensstile.

Optimale Startbedingungen haben die Westdeutschen. Ausgestattet mit allen demokratischen Rechten und Freiheiten und unterstützt von den USA, bringen sie ein dynamisches Aufbauprogramm in Gang, das in der Welt bald als „deutsches Wirtschaftswunder" gerühmt wird.

In der „Deutschen Demokratischen Republik" bestimmt die Sozialistische Einheitspartei Deutschlands (SED) uneingeschränkt alle staatlichen Entscheidungen mit der fatalen Folge, dass die DDR-Wirtschaft immer mehr hinter die der Bundesrepublik zurückfällt. Die Ostdeutschen ziehen sich verstärkt in private Nischen zurück, die man ihnen noch zubilligt. Gleichzeitig setzt eine massive Fluchtbewegung nach Westen ein.

Der VW Käfer wird zum Symbol des Wirtschaftsaufschwungs in Westdeutschland

Ein Schulhof anno 1953: Die Mädchen trugen ausschließlich Röcke oder Kleider

Anfangs noch keine Lernmittelfreiheit

Waren wir von der Grundschule auf das Gymnasium gewechselt, mussten die Eltern anfangs noch ein Schulgeld entrichten, und die Lehrbücher kaufte man selbst. Nur allmählich wurde die Lernmittelfreiheit in den einzelnen Ländern eingeführt.

Schüler aus dem Umland waren, weil es kaum Busverbindungen gab, auf das Fahrrad angewiesen, wenn sie eine „höhere Lehranstalt" in der nächsten Stadt besuchen wollten. Das waren zumeist alte und viel zu große Drahtesel. Es kam vor, dass die Sextaner statt auf dem Sattel auf der mit einer dicken Decke umwickelten Längsstange sitzen mussten. An größeren Steigungen hingen wir uns mit einer Hand an die Ladeflächen der langsam fahrenden Holzvergaser-Lkw und ließen uns hinaufziehen.

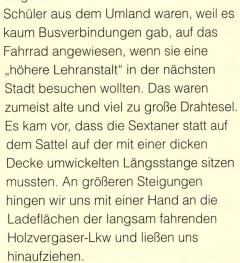

Mit dem Fahrrad über Land zur Schule

15. bis 18. Lebensjahr

Korea-Krieg und Aufstand in der DDR

Weltweite Angst vor einem dritten Weltkrieg kommt auf, als am 25. Juni 1950 Truppen aus dem kommunistischen Nordkorea und später auch rotchinesische Verbände in die westlich orientierte Republik Südkorea einmarschieren. Vor allem in Deutschland befürchtet man, dass nun auch ein sowjetischer Angriff auf Westeuropa bevorsteht. Der Weltsicherheitsrat beschließt am 27. Juni die Bildung einer UN-Streitmacht, die unter Führung der USA an der Seite Südkoreas in den Krieg eingreift. Nach wechselvollen Kämpfen endet der Krieg erst am 27. Juli 1953 mit der Unterzeichnung eines Waffenstillstandsvertrages. Nord- und Südkorea bleiben geteilt.

Am 17. Juni 1953 kommt es in der DDR zum Volksaufstand. Auslöser ist ein Streik der Bauarbeiter in der Ostberliner Stalinallee, die gegen die Erhöhung von Arbeitsnormen demonstrieren. Zehntausende fordern freie Wahlen, den Rücktritt der SED-Regierung und die Freilassung der politischen Gefangenen. Sowjetische Panzer schlagen den Aufstand nieder. Über 200 Demonstranten kommen ums Leben. Massenverhaftungen und standrechtliche Erschießungen folgen.

Vom 4. bis 15. November 1956 erheben sich die Ungarn gegen das kommunistische Regime. Der Aufstand scheitert nach dem Eingreifen sowjetischer Truppen.

Keine „Herrenjahre" und Abendschule

Unterdessen wurde es immer offenkundiger, dass die Prophezeiung, wir jungen Leute würden noch früh genug den Ernst des Lebens erfahren, keine leere Phrase war. Als Erste bekamen das die zu spüren, die eine Lehrstelle antraten. Von wegen 40- oder gar 38-Stunden-Woche, von wegen freier Samstag! Der Spruch „Lehrjahre sind keine Herrenjahre" hatte zu unserer Zeit noch Gewicht.

Auch Anfang der 50er-Jahre war es nicht leicht, einen Ausbildungsplatz zu finden. Die Lehrherren nahmen die jungen Leute, die sich bei ihnen bewarben, genau unter die Lupe und versuchten zu erfahren, ob sie von der Veranlagung her für den jeweiligen Beruf geeignet waren. Die Auswahlkriterien waren freilich oft recht holzschnittartig, beispielsweise wenn jemand, der Elektroinstallateur werden wollte, gefragt wurde, ob er „mit dem Hammer umgehen" könne.

Nach bestandener Gesellenprüfung ergriff nicht wenige der Ehrgeiz, die berufliche Leiter weiter nach oben zu klettern. Vonnöten war dazu eine höhere berufliche Qualifikation, und das bedeutete, erneut zu büffeln.

Weniger Maschinen, dafür mehr Beschäftigte – so sah es zu unserer Zeit auch in den Metzgereien aus. Unser Bild zeigt ein Team von Gesellen und Lehrlingen beim Zerlegen von Fleischstücken

Jetzt wurde es richtig hart. Zwei Jahre lang ging es nach jedem Arbeitstag ab in die Abendschule mit dem Ziel, die „mittlere Reife" zu erreichen. Andere strebten sogar das Abitur an. Nach Hause kamen wir erst nach 21 Uhr und sanken dann meist sofort in die Betten. Zeit zum Lernen hatten wir nur am Wochenende, aber erst ab Samstagnachmittag, weil bis 12 Uhr allgemein noch gearbeitet wurde.

    Den Höhepunkt der beruflichen Weiterbildung brachte dann der Besuch der Ingenieurschule bzw. der Universität. Junge Ingenieure waren Anfang der 50er-Jahre von der Industrie so begehrt, dass die Studierenden im sechsten Semester bereits Angebote von Firmen erhielten.

Straßenkreuzer mit Weißwandreifen

Waren wir nun Lehrlinge oder Schüler, gemeinsam war uns die Leidenschaft für das Auto, das wir als das Höchste aller zu erstrebenden irdischen Güter ansahen. Begonnen hatte es mit den chromglänzenden amerikanischen Straßenkreuzern, denen wir mit großen Augen folgten, wenn sie mit ihren überdimensionalen Front- und Heckpartien durch die Städte schaukelten. Die Federung war so weich, dass die „Ami-Schlitten", wenn man sie stoppte, noch ein paar Mal auf- und abnickten. Das hielten wir für den Gipfel gepflegter Fahrkultur, und die obligatorischen Weißwandreifen fanden wir einfach scharf.

Schon wenige Jahre nach Kriegsende wurden auch die deutschen Autobauer wieder aktiv. Zu einer nationalen und internationalen Erfolgsgeschichte wurde der VW Käfer, der in Wolfsburg in rasant wachsenden Stückzahlen vom Band lief. Bereits im Oktober 1949 stellte Carl Borgward in Bremen seinen „Borgward Hansa 1500" vor, ein Wagen in Pontonform. Schlaglichtartig noch diese Erinnerung: Man sah kaum einen Herrn ohne Hut am Steuer, und im Winter war es ratsam, wegen der anfangs noch unzureichenden Wagenheizung den Mantel anzubehalten.

Der „Hansa 1500" – noch weitgehend in Handarbeit gefertigt – hatte eine zweigeteilte Frontscheibe, weil die Wölbung über die ganze Breite noch Schwierigkeiten bereitete

Hier wird jemand auf Distanz gehalten

Küsse als Gipfel der Kühnheit

Voller Saft und Kraft waren wir damals, keine Frage, wir hatten kein Übergewicht, waren dem Alkohol noch ziemlich abhold und kannten keine Drogen. Also alles bestens im Lot. Wirklich? Gibt es da nicht eine bestimmte Phase in unserer Entwicklung, die uns in gewisser Hinsicht etwas alt aussehen lässt? Weil wir noch im Alter von 16 und 17 Jahren naiv, harmlos oder verklemmt, auf jeden Fall aber reichlich schüchtern waren? Die Rede ist natürlich vom Verhältnis zum anderen Geschlecht, von der Liebe und vom Sex.

Das mit der Liebe ging schon in Ordnung, wir haben uns angeschmachtet, Briefchen geschrieben, sind „miteinander gegangen" und haben als Gipfel der Kühnheit Küsse ausgetauscht. Zu mehr kam es aber selten. Wir hielten uns brav an die Konventionen der deutschen Nachkriegsgesellschaft, der man heute Prüderie attestiert. Offiziell galt, dass erst in der Ehe das große Feuer gelegt werden dürfe. Der Sex köchelte also auf kleinster Sparflamme. Ach ja, und die Pille kannte man schließlich auch noch nicht. Folgerichtig war Sex kein öffentliches Thema, nur eines für Tuschelecken. In der Schule war die Aufklärung zwar ein Unterrichtsthema, aber da ging es leider nur um die Geistesbewegung der „Aufklärung" und ihre spätere Bedeutung für die Französische Revolution.

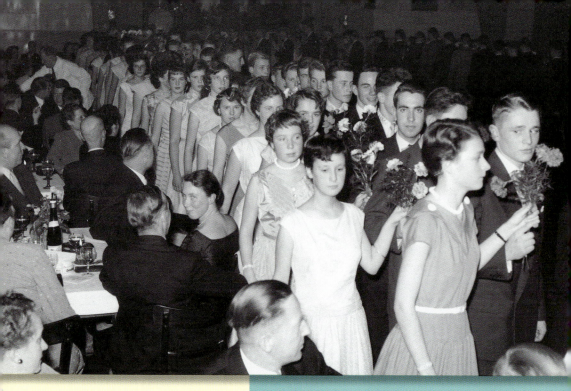

Höhepunkt beim Abschlussball in der Tanzstunde: Die Polonaise

Auf der Pirsch in der Tanzstunde

Wo konnten wir miteinander anbandeln? Jugendkneipen und Diskotheken entfielen dafür mangels Vorhandensein. Kinos, Eisdielen, Parks und das öffentliche Verkehrswesen waren zeitraubende und zufallsabhängige Pirschreviere. Da kam es uns gerade recht, dass die Eltern eines Tages meinten, nun sei es an der Zeit für den Besuch der Tanzstunde. Nicht nur, um dort die Klassiker Walzer, Tango und Foxtrott zu erlernen, sondern auch gute gesellschaftliche Umgangsformen einschließlich gehauchtem Handkuss.

Jetzt konnten wir strategisch planen und vorgehen. Üblich waren zwei getrennte Einführungsrunden für die jungen Damen und Herren, bevor der spannende Augenblick der ersten Kontaktaufnahme auf dem Parkett kam. Diesen Umstand galt es, für eine Vorabauswahl zu nutzen. Rein zufällig bevölkerten wir bei der Ankunft der jungen Mädchen den Eingang des Studios, taxierten verstohlen individuell bevorzugte Merkmale und schritten sodann zur internen Aufteilung der künftigen Tanzpartnerinnen.

Dann kam der Tag, an dem wir uns in einer Reihe aufbauten, um die nebeneinander sitzenden Damen formvollendet zum Tanz zu bitten. Wir, das waren Jünglinge, die sich Schlipse umgebunden und Brillantine ins Haar geschmiert hatten; sie, das waren junge Dinger in wippenden weiten Kleidern oder Röcken.

So war das zu unserer Zeit: Selbst zu einer Fete in privatem Umfeld erschien man korrekt gekleidet: Die jungen Männer mit Schlips und weißem Hemd, die Mädels in weiten Röcken oder Kleidern

Noch verhüllten keine Hosen den Reiz gut geformter Mädchenbeine. Artig spulten wir das Übungsprogramm ab, gewannen zunehmend Spaß an der Sache, der sich noch steigerte, als der langsame Schmusetanz Blues hinzukam.

Unsere eigentlich hinterhältigen Absprachen bezüglich der Tanzpartnerinnen hatten übrigens keinen langen Bestand. Die Signale gegenseitiger Zuneigung wiesen in ganz andere Richtungen, und hier und da funkte es sogar richtig. Für manche wurde es die große Liebe.

Ein nostalgischer Rückblick

Jahrzehnte sind seit jenen – alles in allem – glücklichen Jugendtagen verstrichen. Geblieben ist die Erinnerung an gute und schlechte Erlebnisse, an Freunde, an vertraute Wohnstätten und Landschaften, die wir heute gern in Nostalgiefahrten aufsuchen. Geblieben ist auch eine wehmütige Erinnerung an unsere Seelenstimmungen, an Sehnsüchte und Illusionen.

Streiften wir stundenlang durch Wald und Flur, hörten das Raunen der Wälder und das Sirren des Windes über Stoppelfeldern, fühlten wir uns, so intensiv wie in späteren Jahren nie mehr wieder, als Teil der Natur, wir gingen förmlich in ihr auf. Hörten wir kurz vor dem Einschlafen am Transistorradio Mantovanis singende Geigen oder Chansons von Edith Piaf, versetzte uns die Phantasie auf einen eleganten Boulevard, gesäumt von Villen, und nichts erschien uns erstrebenswerter als ein Leben in der Großstadt. Lasen wir Südsee-Abenteuerbücher wie die „Meuterei auf der Bounty", erfassten uns Fernweh und Sehnsucht nach den vermeintlich paradiesischen Tropen.

Das Leben nahm uns in seine harte Schule und verscheuchte die meisten Träume. Doch ohne sie wären wir viel ärmer, denn eben sie sind der Stoff, aus dem in jungen Jahren Lebensmut, Lebensfreude und Optimismus erwachsen.

15. bis 18. Lebensjahr

Für alle ab 18

Unsere Jahrgangsbände gibt es für alle Jahrgänge ab 1921 bis zum aktuellen 18. Geburtstag, auch als DDR-Ausgabe.

Wir SIND DIE KINDER DER ...

Jeder Band mit 72 Seiten und zahlreichen Farb- und S/w-Fotos, Format 24 x 22,3 cm, Festeinband je **€15,90**

Bernd Storz
Wir sind die Kinder der 50er

ISBN 978-3-8313-2484-2

Petra Mende
Wir sind die Kinder der 60er

ISBN 978-3-8313-2485-9

Sabine Scheffer
Wir sind die Kinder der 70er

ISBN 978-3-8313-2486-6

Philip J. Dingeldey
Wir sind die Kinder der 80er

ISBN 978-3-8313-2487-3

Ulrich Grunert
Wir sind die Kinder der 50er/60er
Aufgewachsen in der DDR

ISBN 978-3-8313-2482-8

Rainer Küster
Wir sind die Kinder der 70er/80er
Aufgewachsen in der DDR

ISBN 978-3-8313-2483-5

Unsere Bücher erhalten Sie im Buchhandel vor Ort oder direkt bei uns:

Wartberg Verlag GmbH & Co. KG

Im Wiesental 1
34281 Gudensberg-Gleichen
Telefon: (0 56 03) 93 05 - 0
Telefax: (0 56 03) 93 05 - 28
E-Mail: info@wartberg-verlag.de
www.wartberg-verlag.de